第4版

ソフトウェアの法人税実務

白閑 博巳
唯木 誠 共著

税務研究会出版局

第4版にあたって

　三訂増補版発行後，7年以上経過し陳腐化したもの（平成12年3月を跨ぐ取扱い等）は削除し，併せて各項目の見直しを行い，さらに，新たな取扱いに関する項目（無償のサポート費用，クラウドサービス費用等の取扱い等10数項目）を加わえ第4版として刊行することといたしました。

　今までの初版，改訂版同様，読者の皆様の忌憚のないご意見，ご叱責を賜ることができれば幸いです。

自閑　博巳
唯木　誠

三訂増補にあたって

　二訂増補版発行の後において減価償却制度，工事進行基準，リース取引等の改正がなされたことから，これらの改正及び通達の改正等を織り込んで三訂増補版として刊行することとしました。

　平成21年1月

自閑　博巳

二訂増補にあたって

　本書の初版は平成12年12月に刊行され，平成13年1月にソフトウェアに関連する改正法人税基本通達が公表されたことにともない，改訂増補版として発行しておりました。

　その後，企業再編税制の創設，ＩＴ投資促進税制の創設等があり，ソフトウェアについても税務上関連する事項が少なくありません。

　そこで今回は，従来のＱ＆Ａのうち陳腐化したものは削除し，新たな取扱いに関する項目を加え，二訂増補版として刊行することとしました。

　初版・改訂増補版同様，読者の皆様からの忌憚のないご意見，ご叱正を賜ることができれば幸いです。

　平成17年3月

自閑　博巳

はしがき（初版）

　従来，ソフトウェアについては，法人税法上の取扱いは「繰延資産又は一時の損金」とされていましたが，平成12年度の税制改正により「減価償却資産の中の無形固定資産」とすることとされました。

　この改正の背景には，企業会計におけるソフトウェアの会計基準が平成11年4月1日以後開始する事業年度からこれを無形固定資産として処理することとされたことや，自社開発と委託開発の差異による資産計上の違いは税務上の取扱いとして整合性に欠ける等の指摘があったことによるものと思われます。

　ソフトウェアが減価償却資産とされたことにより，税務上の取扱いが種々の点で重要な変更がもたらされます。例えば，使用目的による耐用年数の適用，少額資産の基準，一括償却資産の適用，さらには会計基準とのギャップによる税務調整等があります。

　そして，このような変更に対してどのように実務処理するかという問題や疑問が生じております。

　そこで本書は，これらの問題や疑問に対してＱ＆Ａ方式で具体的な取扱いを解説することとしました。

　もちろん，これでソフトウェアに関する税務上の取扱いがすべて網羅しているものではありませんし，今後税務当局において新たな取扱いが公表される可能性もあると思われます。

　いずれにしても本書が，企業の経理担当者や税務に携わる方々に少しでもお役に立てていただければと思います。また，読者の皆様の忌

憚のないご意見，ご叱正を賜れば幸いです。

　なお，本書において意見にわたる部分は私見であることをお断りいたします。

　最後に，本書の刊行にあたり大変お世話になった税務研究会出版局の皆様に心からお礼申し上げます。

　平成12年10月

自閑　博巳

目　次

第1編　法人税法上の取扱い──解説編

1　ソフトウェアの資産区分等
（1）　ソフトウェアの定義………………………………………… 3
（2）　ソフトウェアの資産区分…………………………………… 4
（3）　ソフトウェアの取得価額…………………………………… 6
（4）　ソフトウェアの取得価額に算入しないことができる
　　　費用……………………………………………………………… 8
（5）　ソフトウェアの資本的支出と修繕費……………………… 9
（6）　ソフトウェアの除却損………………………………………12

第2編　実務処理の具体的検討──Q&A編

第1章　ソフトウェアとは
1－1　ソフトウェアとは何か……………………………………… 20
1－2　資産区分の変更……………………………………………… 22
1－3　ソフトウェアと著作権……………………………………… 25
1－4　ホームページの開設費用…………………………………… 27
1－5　自社利用ソフトウェアの資産計上………………………… 29
1－6　販売用ソフトウェアの研究開発の終了時点とは……… 34

第2章 ソフトウェアの取得費

(1) 他社等からの購入・取得した場合

- 2－1－1　他社からの購入の場合……………………………… 40
- 2－1－2　購入ソフトウェアの付随費用（トレーニング費用，データコンバート費用）…………………………… 42
- 2－1－3　購入したソフトウェアの付随費用（追加したインストール費用）…………………………………… 44
- 2－1－4　バージョンアップに伴うインストール費用……… 46
- 2－1－5　取得に伴う借入金の利子 ………………………… 48
- 2－1－6　割賦購入における割賦利息………………………… 50
- 2－1－7　ソフトウェアについて値引きがあった場合の処理…………………………………………………… 52
- 2－1－8　外貨でソフトウェアを取得する場合の前渡金の処理…………………………………………………… 54
- 2－1－9　外貨で取得したソフトウェアの為替差損益……… 56
- 2－1－10　共同購入した場合の取得価額 ……………………… 58
- 2－1－11　ライセンス契約によるソフトウェア ……………… 60
- 2－1－12　リース取引の取扱い ………………………………… 62
- 2－1－13　バージョンアップ費用の取扱い …………………… 68

(2) 自社製作した場合

- 2－2－1　ソフトウェアの自社製作費…………………………… 74
- 2－2－2　ソフトウェアの自社製作費（役員報酬）…………… 77
- 2－2－3　マンガの主人公の使用許諾を受けてソフトウェアを製作した場合………………………………………………… 78

2－2－4　ソフトウェアの取得価額に交際費等が含まれている場
　　　　　　合の処理 …………………………………………………… *81*
　　2－2－5　自社利用ソフトウェアの会計上と税務上の相違… *83*
　　2－2－6　自社利用ソフトウェア開発の外部委託と
　　　　　　自社開発………………………………………………… *86*
　　2－2－7　特定の研究開発目的のためのソフトウェアの
　　　　　　処理………………………………………………………… *88*

(3)　引き継いだ場合
　　2－3－1　法人成りの場合のソフトウェアの引継ぎ ……… *92*
　　2－3－2　適格合併等により受け入れたソフトウェアの
　　　　　　処理………………………………………………………… *95*
　　2－3－3　非適格合併等により受け入れたソフトウェアの
　　　　　　処理………………………………………………………… *98*
　　2－3－4　中古ソフトウェアの耐用年数………………………… *101*

第3章　ソフトウェアと減価償却
　　3－1　少額減価償却資産及び一括償却資産の基準…………… *104*
　　3－2　ソフトウェア購入に係る「通常取引される単位」の
　　　　　判定………………………………………………………… *107*
　　3－3　ソフトウェアの償却開始の時期………………………… *109*
　　3－4　ソフトウェアの使用目的による耐用年数の区分……… *111*
　　3－5　自社で使用するソフトウェアの耐用年数……………… *113*
　　3－6　開発研究用ソフトウェアの耐用年数…………………… *115*
　　3－7　製造業務用ソフトウェアを開発研究用に転用した

場合…………………………………………………………… *117*
3－8　業務用ソフトウェアを2か月間だけ開発研究用に使用した
　　　場合…………………………………………………………… *119*
3－9　LAN設備に含まれるソフトウェアの耐用年数 ………… *121*
3－10　一つの設備としていたLAN設備を個々の資産として償却
　　　することへの変更…………………………………………… *126*
3－11　分割払いのソフトウェアの償却開始の時期…………… *129*
3－12　100万円のソフトウェアを消耗品費として損金経理した場
　　　合……………………………………………………………… *131*
3－13　ソフトウェアの付随費用を一時の損金とした場合…… *136*
3－14　ソフトウェアの改修費（修繕費，資本的支出，新規取得の
　　　区分）………………………………………………………… *140*
3－15　自社使用ソフトウェアの改良費（資本的支出）……… *143*
3－16　平成19年3月31日以前に取得したソフトウェアの
　　　改良費………………………………………………………… *145*
3－17　償却済みのソフトウェアについて資本的支出をした場合
　　　の償却限度の計算…………………………………………… *148*
3－18　コンピュータウイルスの除去作業費…………………… *150*
3－19　バグ取り費用……………………………………………… *152*
3－20　ソフトウェアの耐用年数の短縮とその手続き………… *154*
3－21　軽減税率導入などの時勢の変化に伴うシステム修正
　　　費用…………………………………………………………… *157*
3－22　リース資産に係る少額減価償却資産の適用の可否…… *160*

第4章 ソフトウェアの使用を止める場合

- 4－1 契約解除による違約金……………………………… 164
- 4－2 一括償却資産としたソフトウェアを除却した場合…… 166
- 4－3 ソフトウェアの除却損 ……………………………… 168
- 4－4 別会社のソフトウェアに切り替えた場合の処理……… 170
- 4－5 ソフトウェアの開発中止と除却損…………………… 175

第5章 その他

- 5－1 ソフトウェアと中小企業者等が機械等を取得した場合の特別償却又は税額控除………………………………… 180
- 5－2 ソフトウェアを取得した後に増資をした場合と中小企業者等が機械等を取得した場合の特別償却…………………… 184
- 5－3 ソフトウェアの改良費と中小企業者等が機械等を取得した場合の特別償却又は税額控除……………………… 186
- 5－4 ソフトウェアについて税務上との差異による申告調整……………………………………………………… 189
- 5－5 ソフトウェアの開発費と試験研究費の税額控除……… 191
- 5－6 試験研究費の税額控除の概要………………………… 196
- 5－7 海外からのソフトウェアの借入れは消費税の課税対象か ……………………………………………………… 201
- 5－8 ソフトウェア業は消費税の簡易課税制度の適用上第何種事業か……………………………………………………… 203

目次

第6章　メーカー側の対応

6−1　ソフトウェアの開発請負（ソフトウェアの完成品と組込み）の場合の収益計上時期……………………………… 208

6−2　ソフトウェアの開発請負（技術指導と作業の指揮監督）の場合の収益計上時期……………………………… 210

6−3　複写して販売するソフトウェアの収益計上時期……… 212

6−4　ソフトウェアの製作請負と工事進行基準の適用……… 214

6−5　販売用の自社開発ソフトはいつから資産計上となるか…………………………………………………… 216

6−6　自社開発したソフトウェアの関連会社への売却……… 219

6−7　販売用ソフトウェアのバージョンアップ費用は取得価額となるか………………………………………………… 221

6−8　機械に組み込まれているソフトウェア………………… 223

6−9　他社が開発したソフトウェアについて，複写して販売する権利を取得した場合………………………………… 225

6−10　販売用ソフトウェアの委託研究開発 ………………… 227

6−11　賃貸用ソフトウェアの耐用年数 ……………………… 230

6−12　販売用ソフトウェアの耐用年数 ……………………… 232

6−13　返品を受けたソフトウェア（販売用）の評価損 …… 234

6−14　無償のサポートサービス費用とバージョンアップ費用の取扱い…………………………………………………… 236

6−15　クラウドサービスにおける無料期間と収益計上 …… 241

6−16　和解金の支払いとソフトウェアの取得価額 ………… 245

凡　例

(1) 略語例は，おおむね次による。
　　法法＝法人税法
　　法令＝法人税法施行令
　　法規＝法人税法施行規則
　　法基通＝法人税基本通達
　　措法＝租税特別措置法
　　措令＝租税特別措置法施行令
　　措規＝租税特別措置法施行規則
　　措通＝租税特別措置法関係通達
　　耐令＝減価償却資産の耐用年数等に関する省令
　　耐通＝耐用年数の適用等に関する取扱通達
　　Q&A＝研究開発費及びソフトウェアの会計処理に関するQ&A
　　実務指針＝研究開発費及びソフトウェアの会計処理に関する実務指針

(2) 引用例は，次のとおりである。
　　法法23①二＝法人税法第23条第1項第2号

(3) 本書は，平成28年9月1日現在の法令・通達によっている。

第❶編
法人税法上の取扱い
───── 解説編

1　ソフトウェアの資産区分等

（1）　ソフトウェアの定義

　法人税法上ソフトウェアについての定義規定はありませんが，租税特別措置法による規定や企業会計（一般に公正妥当と認められる会計処理の基準）におけるソフトウェアの概念・範囲からすると「ソフトウェアとは，コンピュータに一定の仕事を行わせるためのプログラムやシステム仕様書，フローチャート等の関連文書の総称をいう」ものと解されます。

> **条文**
>
> 租税特別措置法施行令第27条の6第1項《中小企業者等が機械等を取得した場合の特別償却又は法人税額の特別控除》
> 　法第42条の6第1項第2号に規定する政令で定めるソフトウェアは，電子計算機に対する指令であって一の結果を得ることができるように組み合わされたもの（これに関連する財務省令で定める書類を含むものとし……）をいう。

> **条文**
>
> 租税特別措置法施行規則第20条の3第2項《中小企業者等が機械等を取得した場合の特別償却又は法人税額の特別控除の対象範囲等》
> 　施行令第27条の6第1項に規定する財務省令で定める書類は，システム仕様書その他の書類とする。

> **規則**

研究開発費及びソフトウェアの会計処理に関する実務指針
　ソフトウェアの概念・範囲
6　本報告におけるソフトウェアとは，コンピュータ・ソフトウェアをいい，その範囲は次のとおりとする。
　①　コンピュータに一定の仕事を行わせるためのプログラム
　②　システム仕様書，フローチャート等の関連文書
7　コンテンツは，ソフトウェアとは別個のものとして取り扱い，本報告におけるソフトウェアには含めない。
　ただし，ソフトウェアとコンテンツが経済的・機能的に一体不可分と認められるような場合には，両者を一体として取り扱うことができる。

（2）　ソフトウェアの資産区分

①　ソフトウェアは減価償却資産

　ソフトウェアの法人税法上の資産区分は，減価償却資産の範囲に規定する無形固定資産（法令13八リ）とされています。

　なお，減価償却費の計算の基礎となる法定耐用年数は，ソフトウェアの使用目的に応じて次のように定められています。

別表第三　無形減価償却資産の耐用年数表

種　　類	細　　目	耐用年数
漁業権		年 10
ダム使用権		55
水利権		20

意匠権		7
商標権		10
ソフトウェア	複写して販売するための原本 その他のもの	3 5
育成者権	種苗法（平成10年法律第83号）第4条第2項に規定する品種 その他	10 8
営業権		5
専用側線利用権		30
鉄道軌道連絡通行施設利用権		30
水道施設利用権		15
工業用水道施設利用権		15
電気通信施設利用権		20

別表第六　開発研究用減価償却資産の耐用年数表

種類	細目	耐用年数
建物及び建物附属設備	建物の全部又は一部を低温室，恒温室，無響室，電磁しゃへい室，放射性同位元素取扱室その他の特殊室にするために特に施設した内部造作又は建物附属設備	年 5
構築物	風どう，試験水そう及び防壁	5
機械及び装置	汎用ポンプ，汎用モーター，汎用金属工作機械，汎用金属加工機械その他これらに類するもの その他のもの	7 4
ソフトウエア		3

② 減価償却資産としての取扱上の留意点

ソフトウェアが減価償却資産とされていることから他の固定資産と同様に次の取扱いに留意する必要があります。

(イ) 減価償却資産の少額基準の適用（法令133）

取得価額が10万円以上のものは原則として資産計上することとなります。（平成12年3月31日以前において繰延資産として計上されるソフトウェアは、その取得価額が20万円以上のものとされていました。）

(ロ) 一括償却制度の適用（法令133の2）

減価償却資産とされていることにより、繰延資産については適用がない一括償却制度（10万円以上20万円未満の減価償却資産の3年均等償却）が認められます。

(ハ) 少額減価償却資産の損金算入の特例（措法67の5）

青色申告である中小企業者等が、平成18年4月1日から平成30年3月31日までに30万円未満の減価償却資産を取得した場合に、損金経理を条件に取得価額の一括損金処理が認められます。

ただし、一事業年度の取得価額の合計額300万円を限度とすることとされています。

(3) ソフトウェアの取得価額

ソフトウェアは減価償却資産（無形固定資産）であり、取得価額は取得の態様に応じて規定されています（法令54）。

① 購入したソフトウェア（法令54①一）

次の(イ)と(ロ)の合計額

(イ) ソフトウェアの購入の代価（引取運賃、荷役費、運送保険料、

購入手数料，関税その他ソフトウェアの購入のために要した費用がある場合には，その費用の額を加算した金額)
　(ロ)　ソフトウェアを事業の用に供するために直接要した費用の額
　　他の者から購入したソフトウェアについて，そのソフトウェアの導入に当たって必要とされる設定作業及び自社の仕様に合わせるために行う付随的な修正作業等の費用の額はそのソフトウェアの取得価額に算入することとなります（法基通7―3―15の2（注））。
②　**自社で製作したソフトウェア（法令54①二）**
次の(イ)と(ロ)の合計額
　(イ)　ソフトウェアの製作のために要した原材料，労務費及び経費の額
　(ロ)　ソフトウェアを事業の用に供するために直接要した費用の額
　　この場合，その取得価額については適正な原価計算に基づき算定することとなりますが，法人が，原価の集計，配賦等について合理的であると認められる方法により継続して計算している場合は，それが認められることとされています（法基通7―3―15の2）。
③　**適格合併又は適格現物分配により移転を受けたソフトウェア（法令54①五イ）**
次の(イ)と(ロ)の合計額
　(イ)　被合併法人又は現物分配法人が合併又は残余財産の確定の日の前日の属する事業年度においてソフトウェアの償却限度額の計算の基礎とすべき取得価額
　(ロ)　合併法人又は被現物分配法人がソフトウェアを事業の用に供するために直接要した費用の額
④　**適格分割，適格現物出資又は適格現物分配により移転を受けた**

ソフトウェア（法令54①五ロ）

次の(イ)と(ロ)の合計額

(イ) 分割法人，現物出資法人又は現物分配法人が分割等の日の前日を事業年度終了の日とした場合に，その事業年度においてそのソフトウェアの償却限度額の計算の基礎とすべき取得価額

(ロ) 分割承継法人，被現物出資法人又は被現物分配法人が移転を受けたソフトウェアを事業の用に供するため直接要した費用の額

⑤　その他の方法により取得したソフトウェア（法令54①六）

次の(イ)と(ロ)の合計額

(イ) その取得の時におけるソフトウェアの取得のために通常要する価額

(ロ) そのソフトウェアを事業の用に供するために直接要した費用の額

(4) ソフトウェアの取得価額に算入しないことができる費用

ソフトウェアの取得価額は原則として上記①から⑤のとおりですが，次のような費用は取得価額に算入しないことができることとされています（法基通7—3—15の3）。

① 自己の制作に係るソフトウェアの制作計画の変更等により，いわゆる仕損じがあったため不要となったことが明らかなものに係る費用の額

② 研究開発費の額（自社利用のソフトウェアについては，その利用により将来の収益獲得又は費用削減にならないことが明らかなものに限ります。）

③ 制作等のために要した間接費，付随費用等でその費用の額の合計額が少額（その制作原価のおおむね３％以内の金額）であるもの

上記①は，建物の建設等のために行った調査，測量，設計，基礎工事等でその建設計画を変更したことにより不要となった費用の取扱いと同様に費用処理が認められています。

②は，研究開発費は原則として企業会計と同様に費用処理が認められます。したがって，販売用ソフトウェアは「最初に製品化された製品マスター」の完成時点までの費用は原価外処理が認められますから取得価額に算入しないことができます。もっとも，自社利用のソフトウェアについては，企業会計では「そのソフトウェアの利用により将来の収益獲得又は費用削減が確実であると認められない場合又は確実であるかどうか不明である場合」には費用処理することとなるのに対し，税務上は「その利用により将来の収益獲得又は費用削減にならないことが明らかなもの」に限って費用処理が認められることに留意する必要があります。

③は，自社製作のソフトウェアは前述(3)②のとおり適正な原価計算によることとなりますが少額な間接費，付随費用等については，製造等に係る棚卸資産の取得価額の取扱いと同様に原価外処理が認められます。

(5) ソフトウェアの資本的支出と修繕費

① 資本的支出と修繕費

税務上，資本的支出とは，修理，改良その他いずれの名義をもってするかを問わず，その有する固定資産について支出する金額のうち，

㈦その支出により，その資産の取得の時においてその資産につき通常の管理又は修理をするものとした場合に予測されるその資産の使用可能期間を延長させる部分に対応する金額，㈭その支出により，その資産の取得の時においてその資産につき通常の管理又は修理をするものとした場合に予測される，その支出の時におけるその資産の価値を増加させる部分に対応する金額とされています（法令132）。端的にいうと，「資産の価値を高め，又はその耐久性を増すこととなる部分に対応する金額」が資本的支出となります。

また，資本的支出となる金額は，原則としてその金額を取得価額とする新たな減価償却資産を取得したものとなります（法令55）。

一方，修繕費とは，固定資産の通常の維持管理のため，又は毀損した固定資産につき，その現状を回復するために支出する金額とされています（法基通7―8―2）。

以上は，減価償却資産一般についての規定ですが，ソフトウェアも固定資産であり同様の取扱いがなされます。

法人が有するソフトウェアについて，プログラムの修正等を行った場合において，当該修正等がプログラムの機能上の障害の除去，現状の効用の維持等に該当するときはその修理等に要した費用は修繕費に該当し，新たな機能の追加，機能の向上等に該当するときはその修理等に要した費用は資本的支出に該当することとして取り扱われます（法基通7―8―6の2）。なお，既に有しているソフトウェアや購入したパッケージ・ソフトウェア等の仕様を大幅に変更して，新たなソフトウェアを制作するための費用は原則として取得価額となります（法基通7―8―6の2（注））。

なお，企業会計においては，既存のソフトウェアの機能の改良・強

化を行う制作活動のための費用はソフトウェアとして資産計上することとされていますが，製品マスター又は購入したソフトウェアについて著しい改良（研究及び開発の要素を含む大幅な改良を指しており，完成に向けて相当程度以上の技術的困難が伴うもの）を行った場合は研究開発費として処理することとされているため，税務上，改良費について原則として取得価額とするものの，新たなソフトウェアの開発研究と認められる場合のその部分の金額については，取得価額に算入しないことができるとされています。

> **参考** 措置法第42条の6（中小企業者等が機械等を取得した場合の課税の特例）におけるソフトウェアの取扱い
>
> 租税特別措置法関係通達42の6－10の2《ソフトウェアの改良費用》
>   法人が，その有するソフトウェアにつき新たな機能の追加，機能の向上等に該当するプログラムの修正，改良等のための費用を支出した場合において，その付加された機能等の内容からみて，実質的に新たなソフトウェアを取得したことと同様の状況にあるものと認められるときは，当該費用の額をソフトウェアの取得価額として措置法第42条の6第1項から第3項まで，第7項，第8項又は第10項の規定の適用があるものとする。同条第4項に規定する被合併法人等が新たな機能の追加等のための費用を支出した場合についても，同様とする。

② **修繕費とされる事例**

なお，過去においてソフトウェアの修繕費等として認められた事例には，次のようなものがあります。

(イ) 消費税率が3％から5％に改正されたことに伴うプログラムの変更は，外部的要因に基づくものであり，プログラムの改良ではなく

プログラムのメンテナンスと認められる。

(ロ) 郵便番号の7桁対応プログラムの修正も①と同様と考えられる。

(ハ) 2000年対応プログラムの修正は，機能上の障害を除去し，現状の効用を維持するための費用であり，修繕費と認められる。

(ニ) 平成16年4月からの消費税法改正（取得価額の総額表示）によるプログラムの修正（新たな機能の追加，機能の向上等に該当する部分は除かれます。）は①と同様に修繕費と認められる。

（6） ソフトウェアの除却損

税務上，使用を廃止した固定資産については物理的廃棄がない場合であってもいわゆる有姿除却が認められています（法基通7―7―2）。

無形固定資産であるソフトウェアについても物理的な除去，廃棄，消滅等がない場合であっても，次に掲げるような今後事業の用に供しないことが明らかな事実があるときは帳簿価額（処分見込価額を控除した残額）について損金の額に算入することができることとされています（法基通7―7―2の2）。

① 自社利用のソフトウェアについて，そのソフトウェアによるデータ処理の対象となる業務が廃止され，そのソフトウェアを利用しなくなったことが明らかな場合，又はハードウェアやオペレーティングシステムの変更等によって他のソフトウェアを利用することになり，従来のソフトウェアを利用しなくなったことが明らかな場合

② 複写して販売するための原本となるソフトウェアについて，新製品の出現，バージョンアップ等により，今後，販売を行わない

ことが社内りん議書，販売流通業者等への通知文書等で明らかな場合

> **参考** ソフトウェアの取扱いの変更に関する経緯（繰延資産又は期間費用から減価償却資産へ）
>
> 《従来の取扱い》
> 　ソフトウェアについては，旧法人税法施行令第14条第1項第9号ハ《役務の提供を受けるために支出する権利金その他の費用》の繰延資産に該当するものとされていました。
> 　また，取得のために要する費用の額については，これを取得の形態別に区分して，①他から購入したもの又は外注製作したものは繰延資産に計上し，②自社製作の場合は，その製作に要した費用の額を支出時の損金とすることができることとされていました。
> 　なお，繰延資産として計上したソフトウェアは，これを5年間で均等償却することとされていました。
>
> **旧法人税基本通達8－1－7《ソフトウェアの開発費用》**
> 　他の者からソフトウェアの提供を受け，又は他の者に委託してソフトウェアを開発した場合におけるその提供を受けるため，又は委託するために要した費用は，令第14条第1項第9号ハ《役務の提供を受けるための権利金等》に規定する繰延資産に該当する。
> （注）　法人がソフトウェアの開発に関連して他の者に支払った費用のうち次に掲げるものは，本文に掲げる費用に該当しない。
> 　　1　自らソフトウェアを開発するために他の者から技術者の派遣を受けた場合（実質的に当該他の者に開発を委託したと認められる場合を除く。）のその派遣を受けるために要した費用
> 　　2　自ら開発したソフトウェアについて他の者にコーディングのみを行わせた場合のそのコーディングのために要した費用

旧法基通8－2－3《繰延資産の償却期間》

　令第14条第1項第9号《公共的施設の負担金等の繰延資産》に掲げる繰延資産のうち，次の表に掲げるものの償却期間は，次による。

該当条項	種類	細目	償却期間
	公共的施設の設置又は改良のために支出する費用（8－1－3）	(1) その施設又は工作物がその負担した者に専ら使用されるものである場合	その施設又は工作物の耐用年数の$\frac{7}{10}$に相当する年数
令第十四条第一項第九号ハ《役務の提供を受けるための権利金等》に掲げる費用	ノーハウの頭金等（8－1－6）		5年（設定契約の有効期間が5年未満である場合において，契約の更新に際して再び一時金又は頭金の支払を要することが明らかであるときは，その有効期間の年数）
	ソフトウェアの開発費用（8－1－7）		5年
令第十四条第一項第九号ニ《広告宣伝用資産を贈与した費用》に掲げる費用	広告宣伝の用に供する資産を贈与したことにより生ずる費用（8－1－8）		その資産の耐用年数の$\frac{7}{10}$に相当する年数（その年数が5年を超えるときは，5年）

《改正の背景》

　ソフトウェアの取得費用については，外部委託による場合は繰延資産として均等償却されるのに対し，自社開発による場合には支出時の損金（期間費用）として一時償却が認められていました。

　外部委託の場合はすべて繰延資産として取り扱われますから，たとえ，子会社に開発委託した場合でも同様に繰延資産として処理することとされていました。しかしながら，企業にとっては，子会社に委託開発

した場合であっても自社開発と何ら異ならないという認識があり，自社開発と委託開発との取扱いを異にする理由に乏しく，客観的観点からも同一に取り扱うべきとの意見や，また，ソフトウェアは自己が所有し利用できるものであり，譲渡・賃貸が可能であること，物理的減耗はないものの経済的陳腐化による価値の低下が認められることから減価償却資産と同様であるとの認識がありました。

　なお，企業会計においては，従来，ソフトウェアの取得のために要する費用について明確な会計基準が存在していませんでしたが，平成10年3月企業会計審議会の意見書により，平成11年4月1日以後開始する事業年度からこれを無形固定資産として処理することとされました。

　このような経緯を踏まえ，平成12年度の税制改正により税務上のソフトウェアの取扱いが変更されました。

《適　用　関　係》

　ソフトウェアの取得価額を無形固定資産とすることとなるのは，平成12年4月1日以後に取得するものからです（改正法令附則3）。なお，ソフトウェアの製作費のうち平成12年3月31日までに支出した費用については，ソフトウェアの取得価額に含めないで処理することとなります（改正法令附則3）。

　また，耐用年数の適用については，平成12年4月1日以後に事業の用に供するソフトウェアが対象となります（改正耐令附則2）。したがって，平成12年3月31日以前に取得し，繰延資産として計上しているソフトウェア（企業会計上無形固定資産として計上しているものを含みます。）は，従来どおり繰延資産として償却計算することとなります。

平成12.3.31以前取得	平成12.4.1以後取得
購入・委託開発　繰延資産 →	繰延資産
自社開発　期間費用	購入・委託開発　無形固定資産
	自社製作費(注)　無形固定資産

（注）　平成12.3.31以前から自社製作を開始しているソフトウェアについては，平成12.4.1以後支出する費用が取得価額となります。

〔資産区分の変更及び取扱いフローチャート〕

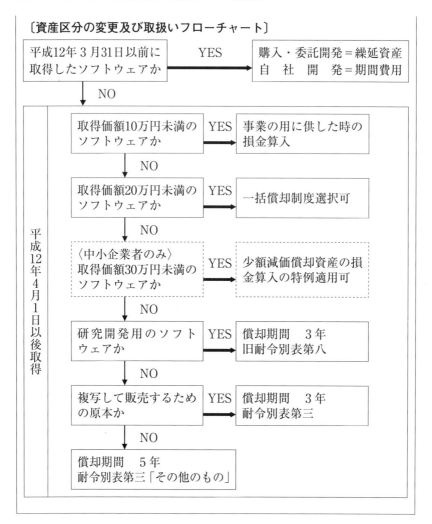

第❷編
実務処理の具体的検討
─────Q&A編

第1章

ソフトウェアとは

1-1 ソフトウェアとは何か

税務上のソフトウェアの具体的範囲はどのようになっているのでしょうか。

ソフトウェアとは，コンピュータを効率よく稼働させるための使用方法ないし技術を総称し，その内容はプログラムとシステム仕様書，フローチャート等の関連文書が含まれます。

/解説/

法人税法においてソフトウェアの概念・範囲については特に定められていませんが，企業会計における概念・範囲と基本的には税務上も同様のものと考えられます。

なお，企業会計において「研究開発費及びソフトウェアの会計処理に関する実務指針について（日本公認会計士協会）」によりソフトウェアの概念・範囲が定められています。

/規則/

研究開発費及びソフトウェアの会計処理に関する実務指針

ソフトウェアの概念・範囲

6 本報告におけるソフトウェアとは，コンピュータ・ソフトウェアをいい，その範囲は次のとおりとする。
　① コンピュータに一定の仕事を行わせるためのプログラム
　② システム仕様書，フローチャート等の関連文書

7 コンテンツは，ソフトウェアとは別個のものとして取り扱い，本報告におけるソフトウェアには含めない。
　ただし，ソフトウェアとコンテンツ※が経済的・機能的に一体不可分と認められるような場合には，両者を一体として取り扱うことがで

きる。
※ コンテンツとは，その処理対象となる電子データである情報の内容をいいます。例としては，データベースソフトウェアが処理対象とするデータや，映像・音楽ソフトウェアが処理対象とする画像・音楽データ等があります。

> **参考**
>
> 　租税特別措置法においてソフトウェア，コンテンツについて次のように規定されています。
> **租税特別措置法施行令第27条の6《中小企業者等が機械等を取得した場合の特別償却又は法人税額の特別控除》**
> 　法第42条の6第1項第2号に規定する政令で定めるソフトウェアは，電子計算機に対する指令であって一の結果を得ることができるように組み合わされたもの（これに関連する財務省令で定める書類を含むものとし，……（以下略）
> **租税特別措置法施行規則第20条の3第2項《中小企業者等が機械等を取得した場合の特別償却又は法人税額の特別控除》**
> 　施行令第27条の6第1項に規定する財務省令で定める書類は，システム仕様書その他の書類とする。
> **旧租税特別措置法施行規則第20条の3第7項《事業基盤強化設備を取得した場合等の特別償却又は法人税額の特別控除》**
> 　施行令第27条の7第9項第1号ロに規定する財務省令で定める費用は，コンテンツ（文字，図形，色彩，音声，動作若しくは映像又はこれらを組み合わせたものをいう。）の……（以下略）

1－2　資産区分の変更

ソフトウェアの資産区分について，平成12年度の税制改正により変更されたとのことですが，具体的にはどのようになったのでしょうか。

減価償却資産とされ，ソフトウェアの利用目的に応じて耐用年数が定められました。

解説

1　資産区分の変更

平成12年度の税制改正により減価償却資産（無形固定資産）の範囲にソフトウェアが追加されました。この結果，ソフトウェアの税務上の資産区分は，繰延資産（法令14①九ハ，旧法基通8－1－7）から無形固定資産（法令13ハリ）に変更されました。

《減価償却資産の範囲》

減価償却資産とは，棚卸資産，有価証券及び繰延資産以外の資産のうち次に掲げるもの（事業の用に供していないもの及び時の経過によりその価値の減少しないものを除く。）とする。

一　建物及びその附属設備
二　構築物
三　機械及び装置
四　船舶
五　航空機
六　車両及び運搬具
七　工具，器具及び備品

八　次に掲げる無形固定資産
　　イ　鉱業権
　　ロ　漁業権
　　ハ　ダム使用権
　　ニ　水利権
　　ホ　特許権
　　ヘ　実用新案権
　　ト　意匠権
　　チ　商標権
　　リ　ソフトウェア
　　ヌ　育成者権
　　ル　営業権
　　ヲ　専用側線利用権

2　耐用年数と償却費

　資産区分の改正により，従来のようにソフトウェアの取得形態の別によって，その費用の処理方法を区別することなく，原則的に資産計上することとなります。

　ソフトウェアについて，その利用目的に応じて耐用年数が定められていますから，他の無形固定資産と同様に，「定額法」又は「旧定額法」により計算することとなります（法令48①四，48の2①四，56，61）。

《耐用年数等に関する省令》

別表第三　無形減価償却資産の耐用年数表

種類	細目	耐用年数
ソフトウェア	複写して販売するための原本 その他のもの	3年 5年

別表第六　開発研究用減価償却資産の耐用年数表

種類	細目	耐用年数
ソフトウェア		3年

別表第九　平成19年3月31日以前に取得をされた減価償却資産の残存割合表

種類	細目	残存割合
別表第三に掲げる無形減価償却資産，別表第六に掲げるソフトウェア並びに鉱業権及び坑道		0

第1章　ソフトウェアとは　　25

1−3　ソフトウェアと著作権

ソフトウェアのプログラムは，著作権であり，減価償却できないのでしょうか。

ソフトウェアのプログラムは著作権法上の著作物ですが，税務上はプログラムやシステム設計書等を含めたソフトウェアについて無形固定資産として特掲されたため，減価償却の対象となります。

/解説/

　法人税法において，著作権は減価償却資産に含まれていません。したがって，原則として著作権について償却費の計上はできないこととなります。

　もっとも，著作権については，取得価額を資産計上している例はきわめて少ないものと思われます。税務上も，個々の著作権の取引の形態により対応していたと考えられます。

例1　出版社等において，その取材費，資料収集費等について資産計上しているものはなく，全額費用（原価）扱いしている。

例2　出版権や，漫画の主人公等の著作物を利用するための一時金の費用については，著作権としてではなく税務上の繰延資産として処理することとしている（法基通8−1−10）。

例3　社歌，コマーシャルソング等の制作費用については，費用効果の実態的観測から支出時の損金として認めることとされている（法基通7−1−10）。

例4　ソフトウェアについては，購入又は委託のための費用は繰延資

産とされていた（旧法基通8—1—7）。

例5 音源テープ，映画フィルムの処理等についてこれらの取得価額は，マザーテープ等の製作に関する一切の費用であり，作家に対する使用許諾料，脚本料，出願料，ロケ代等が含まれています。

また，上映権についても映画フィルムと同様の償却資産に該当するものとされています（耐通4—1—3，4—1—4）。

ご質問のとおり，コンピュータのプログラムは，著作権法上の著作物（著作権法10①九）であり，減価償却が認められないのではないかとの疑問が生じるでしょう。

しかしながら，上記のように著作権について税務上，減価償却資産に含まれていないため，個々の取引に応じた対応をしていたものですが，今回の改正によりソフトウェア（著作権法上の著作物であるプログラム＋著作物以外のシステム仕様書，フローチャート等の関連文書）について減価償却資産に特掲されたことにより，減価償却資産としてそのソフトウェアの使用用途に応じた耐用年数により償却することとなります。

1－4　ホームページの開設費用

当社は，インターネットを使って新事業の展開をするため，ホームページを開設しました。

このホームページの製作については，専門業者に依頼し，その代金1,500万円を支払いました。

なお，支払代金の中には，データベースやネットワークにアクセスするためのプログラム作成費用1,200万円が含まれています。

この場合の税務上の取扱いは，どのようになるのでしょうか。

支払金額に含まれるプログラム作成費用は，ソフトウェアの取得価額として資産計上します。

その他のホームページ作成費用については，ホームページの使用期間が１年以内であれば，広告宣伝費等として一時の損金として処理することができます。

/解説/

ホームページとは，文書や写真，デザイン等をプロバイダーのサーバーに登録し，インターネットによってパソコン等の端末機の画面上に表示されるものです。

ホームページは，それが単なるデジタル画像，文字，デザイン等を掲載したもので企業のＰＲや新製品の広告を行うものである場合は，その使用期間が一般に１年以内と認められますので，原則として広告宣伝費等として一時の損金として処理することが認められます。

なお，最近のホームページの中には，データベースやネットワークとアクセスできるものも多くありますが，このような場合には，ホームページの作成の他にデータベース等とアクセスするためのソフトウェア（プログラム）が必要となります。

　この場合には，ホームページの作成費用とソフトウェアの作成費用を区分して，ソフトウェアの作成費用については無形固定資産として資産計上することとなり，ネット上でオープンした時点から償却することとなります（耐令別表第三「ソフトウェア」「その他のもの」の5年）。

　ご質問の場合も，プログラム作成費用として1,200万円が含まれているとのことですから，ソフトウェアに係る部分について無形固定資産として処理することとなります。

　なお，ホームページとソフトウェアを区別することができない場合は，全体を無形固定資産（ソフトウェア）として処理（耐用年数5年）することとなります。

1−5 自社利用ソフトウェアの資産計上

Q 会計上,自社利用ソフトウェアについては,将来の収益獲得又は費用削減が確実と認められるものについて,資産計上することとされていますが,この「将来の収益獲得又は費用削減が確実」とは,具体的にはどういったもので判断するのでしょうか。また税務上も同様の考え方で資産計上することになるのでしょうか。

A 実務指針では,「将来の収益獲得又は費用削減が確実」と認められ,資産計上される例として,①第三者への業務処理サービス等に用いるソフトウェアの提供により,収益を獲得する場合,②ソフトウェアの自社業務への利用により,業務を効率的又は効果的に遂行できることが明確な場合,③購入したソフトウェアの利用により,業務を効率的又は効果的に遂行できる場合が掲げられています。

なお,税務においては,自社利用のソフトウェアについては,その利用により将来の収益獲得又は費用削減にならないことが明らかな研究開発費に限り,取得価額に算入しないことができます。

/解説/

1 会計上の取扱い

研究開発費等に係る会計基準(平成10年3月13日 企業会計審議会)では,自社利用のソフトウェアに係る会計処理について,その利

用により将来の収益獲得又は費用削減が確実と認められる場合には，以下に述べるとおり資産計上しなければならないとしています。

> **規則**
>
> **研究開発費等に係る会計基準**
> **四　研究開発費に該当しないソフトウェア制作費に係る会計処理**
> **3　自社利用のソフトウェアに係る会計処理**
>
> 　ソフトウェアを用いて外部へ業務処理等のサービスを提供する契約が締結されている場合のように，その提供により将来の収益獲得が確実であると認められる場合には，適正な原価を集計した上，当該ソフトウェアの制作費を資産として計上しなければならない。
> 　社内利用のソフトウェアについては，完成品を購入した場合のように，その利用により将来の収益獲得又は費用削減が確実であると認められる場合には，当該ソフトウェアの取得に要した費用を資産として計上しなければならない。機械装置等に組み込まれているソフトウェアについては，当該機械装置等に含めて処理する。

　この考え方の基本には，ソフトウェアの開発は，その大半が人件費や外注費等であり，製造業等のモノづくりと異なり，その実態が非常に把握しにくいという側面のほか，開発の性格上，常に成功するとは限らないというリスクがあることから，その資産性については慎重な判断を要求するという姿勢があると思われます。

2　将来の収益獲得又は費用削減が確実とは

　上記会計基準にいう「将来の収益獲得又は費用削減が確実であると認められる場合」，すなわちソフトウェアが資産計上される場合の具体例として，実務指針では以下の例を掲げています（実務指針11）。

(1)　通信ソフトウェア又は第三者への業務処理サービスの提供に用い

るソフトウェア等を利用することにより，会社（ソフトウェアを利用した情報処理サービスの提供者）が，契約に基づいて情報等の提供を行い，受益者からその対価を得ることとなる場合

(2) 自社で利用するためにソフトウェアを製作し，当初意図した使途に継続して利用することにより，当該ソフトウェアを利用する前と比較して会社（ソフトウェアの利用者）の業務を効率的又は効果的に遂行できると明確に認められる場合

例えば，当該ソフトウェアを利用することにより，利用する前に比し間接人員の削減による人件費の削減効果が確実に認められる場合，複数業務を統合するシステムを採用することにより入力業務等の効率化が図れる場合，従来なかったデータベース・ネットワークを構築することにより今後の業務を効率的又は効果的に行える場合等が考えられ，ソフトウェア制作の意思決定の段階から制作の意図・効果が明確になっている場合である。

(3) 市場で販売しているソフトウェアを購入し，かつ，予定した使途に継続して利用することによって，会社（ソフトウェアの利用者）の業務を効率的又は効果的に遂行することができると認められる場合

上記のうち，(2)の自社利用ソフトウェアについては，Q&Aでさらに具体的に説明しています（Q&A　Q15）。

> **規則**
>
> **研究開発費及びソフトウェアの会計処理に関するQ&A**
> **Q15**
> （略）この将来の収益獲得又は費用削減が確実であると認められる状況は，実際のところソフトウェアが利用されている実態により様々であると考えられます。

例えば、通信ソフトウェアの機能を第三者に提供することによって、当該利用者から収入を得る場合には、まさしく当該ソフトウェアにより収益獲得が実現しているといえます。

しかし、独自仕様の社内利用のソフトウェアの場合には、通常、ソフトウェアの利用によって直接的にキャッシュ・フローが生ずるとは考えられないため、その判断は容易ではないものと思われます。そのようなソフトウェアについては、費用削減効果によって、ネット・キャッシュインフローの増加が確実となるかどうかに着目することが必要です。

具体的には、顧客からの受注に基づく在庫の手配及び発送指示作業を手作業により行っているために、物流部門の能力には余裕があるのに、毎日の取扱高が限定されているという業務遂行上の問題点を抱えている会社において、当該業務をコンピュータ処理に置き換えることにより、取扱高の増加が可能になる場合などは、独自仕様の社内利用ソフトウェアの利用により将来の収益獲得が確実であると認められる要件を満たしているものと考えられます。

また、遠隔保守のシステムの構築により、実際に現場に派遣する保守要員が減少する場合などは、利用する前に比し人件費の削減効果が確実に見込まれ、将来の費用削減が確実であると認められる要件を満たしているものと考えられます。

このように独自仕様の社内ソフトウェアについては、自社で制作するソフトウェア又は委託により制作するソフトウェアを資産として計上することとなる場合もあり、ソフトウェアを利用している実態を十分に把握して、資産計上の要件を満たしているか否かについて検討する必要があります。

3 税務上の取扱い

一方、税務においては、自己の製作に係るソフトウェアの取得価額について特段の規定は設けられていませんので、他の減価償却資産と同じく取得形態別（購入、製作等）に法人税法施行令第54条第1項の規定が適用され、それぞれ取得のために要した費用等の合計額が取得

価額を構成することになります。

　税務上は，先に述べた会計上の資産計上の考え方である「将来の収益獲得又は費用削減が確実であると認められる場合」というような考え方はなく，取得のために要した費用はすべて資産計上（取得価額を構成する）というのが基本的な考え方です。

　この場合の，例えば自社開発のソフトウェアの取得価額の算定に当たっては，会計上，適正な原価計算等がなされている限り，税務上もこれを認めることとしています（法基通7－3－15の2）。

　また，取得価額の算定に当たっては，(1)ソフトウェアの製作変更等に伴う仕損じに係る費用，(2)自社利用ソフトウェアに係るその利用により将来の収益獲得又は費用削減にならないことが明らかな研究開発費の額，(3)製作等のために要した少額な付随費用（製作原価のおおむね3％以内の金額）については，ソフトウェアの取得価額に算入しないことができるとされています。

　上記の(1)は，固定資産の取得価額に算入しないことができる建物建設に係る設計等の費用で，計画変更に伴い不要になったものに係る費用の取扱い（法基通7－3－3の2(2)）と，また上記(3)は製造等に係る棚卸資産の取得価額に係る少額付随費用の取扱い（法基通5－1－3）と同じ考え方によるものです。

1－6　販売用ソフトウェアの研究開発の終了時点とは

会計上，市場販売目的のソフトウェアについては，研究開発終了時点までは研究開発費として処理することとされていますが，この研究開発終了時点とは具体的にどういった事実をもって判断するのでしょうか。また，税務上も同様の考え方で問題ないのでしょうか。

企業会計上，研究開発終了時点については，「最初に製品化された製品マスターの完成時点」とされています。

具体的には，①製品性を判断できる程度のプロトタイプが完成していること，②プロトタイプを制作しない場合は，製品として販売するための重要な機能が完成しており，かつ重要な不具合を解消していることが，その判断基準とされています。

なお，開発終了時点に関しては，税務上も同様の判断で問題ないと思われます。

解説

1　会計上の取扱い

後に問6―5で述べていますが，販売用のソフトウェアに係る研究開発終了時点は，「最初に製品化された製品マスターの完成時点」とされています（実務指針8）。

企業会計においては，研究開発費は発生時には将来の収益を獲得できるか否か不明であり，また，研究開発計画が進行し，将来の収益獲

得期待が高まったとしても，依然としてその獲得が確実とはいえないことから，資産に計上することなく発生時の費用として処理することとされています（Q&A　Q1）。

そして，ソフトウェアの製作費の費用計上と資産計上の区分については，次のように取り扱うこととされています（Q&A　Q10）。

市場販売目的のソフトウェアの製作に要した費用のうち，研究開発が終了するまでの費用は研究開発費として発生時に費用処理します。

「研究開発費等に係る会計基準の設定に関する意見書」では，ソフトウェアの制作に関する研究開発の終了は，製品番号を付すこと等により販売の意思が明らかにされた製品マスター，すなわち「最初に製品化された製品マスターの」完成時点であるとしています。

実務指針では，最初に製品化された製品マスターの具体的な判断基準として，機能評価版のソフトウェアであるプロトタイプの制作の有無によって，次の要件を検討すべきであるとしています。

① 　製品性を判断できる程度のプロトタイプが完成していること
② 　プロトタイプを制作しない場合は，製品として販売するための重要な機能が完成しており，かつ重要な不具合を解消していること

これらの要件を満たした場合に，製品マスターの最初の製品化作業が完了したと考えられるため，この時点までに発生した制作費は研究開発費として費用処理され，その後に発生した製作費はソフトウェアの製作原価として資産計上されることになります。

さらに，研究開発が終了した時点以降のソフトウェアの製作費は，その内容によって，次のように取り扱うこととされています（Q&A　Q11）。

(1) 製品マスター又は購入したソフトウェアの著しい改良に要した費

用……研究開発費

(2) 製品マスター又は購入したソフトウェアの機能の改良及び強化に要した費用（著しいものを除く。）……製品マスターの取得原価（無形固定資産）

(3) ソフトウェアの機能維持に要した費用……発生時の費用

(4) 製品としてのソフトウェアの制作原価……製造原価（たな卸資産）

2 税務上の取扱い

　法人税の取扱いにおいては，研究開発費はソフトウェアの取得価額に含めなくてもよいとされています（法基通7―3―15の3(2)）。

　法人税法においては，自己の製作等に係る減価償却資産の取得価額については，もともと適正な原価計算に基づくものであればこれを認めることとしており（法令54②），また，実務においても，研究開発費等の費用が原価性を有するかどうかの判断が非常に難しいこともあり，基本的には企業会計の考え方と同様であると思われます。

　ただし，<u>本基本通達においては，自社利用のソフトウェアについては，その利用により将来の収益獲得又は費用削減にならないことが明らかなものに限り，研究開発費として処理することができる</u>旨定めているのに対し，<u>企業会計では，自社利用のソフトウェアについては，そのソフトウェアの利用により将来の収益獲得又は費用削減が確実であると認められない場合又は確実であるかどうか不明である場合におけるそのソフトウェアの取得に要した費用は費用処理することとされています</u>ので，この点の違いについては留意が必要です。（アンダーラインは筆者による。）

　この両者の違いは，企業会計ではそのソフトウェアの利用による将

来の収益獲得又は費用削減の確実性という効用の面を強く求めているのに対し，税務の考え方は，将来の効用の有無ではなく，その資産を取得するために要した費用は基本的にすべて取得価額に算入するという税法の基本的な考え方を明らかにした上で，しかしその利用により将来の収益獲得又は費用削減にならないことが明らかなものに限り，費用処理を認めるという立場の違いにあると思われます。

第2章

ソフトウェアの取得費
(1) 他社等からの購入・取得した場合

2−1−1 他社からの購入の場合

ソフトウェア開発会社から人事管理システムのソフトウェアを購入しました。

この購入にあたっては当社の人員構成等から数社のシステム会社との打合せや社内における各種の検討，分析のための会議を行ったうえで，当社にとってもっとも利便性の高いA社仕様ソフトウェアに決定しました。

ソフトウェアの購入価額は100万円ですが，打合せ，会議費用10万円や自社使用にあたって要した組込費用3万円や郵送料が5千円かかりました。これらの費用はどのようにするのでしょうか。

自社使用にあたって要した組込費用や郵送料もソフトウェアの取得価額となります。

/解説/

購入した原価償却資産の取得価額は，次の金額の合計額とされています（法令54①一）。

(イ) 当該資産の購入の代価（引取運賃，荷役費，運送保険料，購入手数料，関税その他資産の購入のために要した費用があれば，その費用を加算した金額）

(ロ) 当該資産を事業の用に供するために直接要した費用の額

なお，他の者から購入したソフトウェアについて，そのソフトウェ

アの導入にあたって必要とされる設定作業及び自社の仕様に合わせるために行う付随的な修正作業等の費用の額は，ソフトウェアの取得価額に算入することとされています（法基通7―3―15の2（注））。

取　得　価　額	
購入の代価	事業の用に供するために直接要した費用の額
購入先に支払った代金　＋　引取運賃・荷役費・運送保険料・関税・購入手数料その他購入のために要した費用	据付費・組込費用 試運転調整費

ご質問の場合も

　　購入の代価　購入先に支払った金額　　　　1,000,000円

　　　　　　　　郵送料　　　　　　　　　　　　　5,000円

　　事業の用に供するため直接要した費用の額

　　　　　　　　組込費用　　　　　　　　　　　30,000円

　　　　　　　　　　　　合計　　　　　　1,035,000円

が取得価額となります。

　なお，システム導入にあたり，事前準備として行った打合せや各種の検討，分析のための会議に要した費用については，A社から購入したソフトウェアと直接的に関係しているものとは認められませんから取得価額に算入する必要はないと考えられます。

2-1-2 購入ソフトウェアの付随費用(トレーニング費用,データコンバート費用)

当社は,新システム導入よりソフトウェアを購入することとしました。

このソフトウェアの導入にあたっては,当社の従業員のトレーニング費用(テキスト作成料,講師の報酬,研修会場費,旅費等)が発生します。また,旧システムのデータを新システムにコンバートする費用が発生します。

これらのトレーニング費用,コンバート費用はどのように処理するのでしょうか。

トレーニング費用,コンバート費用については,いずれもソフトウェアの取得価額に含める必要はありません。

/解説/

《トレーニング費用》

企業会計上,ソフトウェアの操作をトレーニングするための費用は発生した事業年度の費用とすることとされています(実務指針16)。

税務上,購入したソフトウェアの取得価額は,購入代価とソフトウェアを事業の用に供するため直接要した費用の額との合計額とされており,組込み費用や試運転調整費等がその代表的な例とされています。

もっとも，トレーニング費用は，ソフトウェアを利用するためのいわば事後的費用であり取得価額を構成するものとは認められないと考えられます。

《データコンバート費用》

　企業会計上，新しいシステムでデータを利用するため旧システムのデータをコンバートするための費用については，発生した事業年度の費用とすることとされています（実務指針16）。

　税務上，旧システムのデータを新システムに適合するように変換し保存するデータコンバート費用はトレーニング費用と同様にソフトウェアを利用するためのいわば事後費用であり取得価額を構成するものとは認められないと考えられます。また，コンバート費用がソフトウェアの価値を高めるものともいえないことからも費用処理が相当と思われます。もっとも，データコンバートにあたり，変換ソフトを購入した場合にはその購入したソフトウェアは固定資産として計上することとなります。

2－1－3　購入したソフトウェアの付随費用（追加したインストール費用）

　当社は販売管理システムのソフトウェア（製作委託）をA社から購入しました。

　このソフトウェアは当初，会社一斉に稼動することとしていましたが，支店における与信管理等の問題からとりあえず本社において使用することとし，その組込み費用を支出しました。その後支店の問題も解消されたため随時組み込んでおりそれぞれ組込み費用を支出しております。

　この場合の組込み費用はすべてソフトウェアの取得価額に含めることとなるのでしょうか。

　本社の組込み費用は取得価額とすることとなりますが，支店における組込み費用は費用処理が認められるものと思われます。

解説

　購入したソフトウェアの取得価額はソフトウェアの購入の代価（引取運賃，荷役費，運送保険料，購入手数料，関税その他購入のために要した費用を含みます。）に当該ソフトウェアを事業の用に供するために直接要した額の合計額とされています（法令54①一）。

　したがって，ソフトウェアを事業の用に供するために行った組込み費用もソフトウェアの取得価額に含めることとなります。

質問の場合，本社における組込み費用は販売管理システムの取得価額に含めることとなります。しかし，支店における組込み費用はいったん事業の用に供したソフトウェアの組込み費用であり，事後的費用と考えられますし，ソフトウェアの価値を高めるものとも認められませんから費用処理が認められるものと思われます。

2－1－4　バージョンアップに伴うインストール費用

当社は、社内業務システムに係るソフトウェアを多数保有しています。このソフトウェアについては社内業務の効率化等からバージョンアップが繰り返され、その都度バージョンアップしたソフトウェアをハードウェア（システム）にインストールする作業が発生しています。

このようなインストール費用はどのように処理することとなるのでしょうか。

バージョンアップが新たなソフトウェアの取得となる場合には、当該インストール費用も取得価額に含まれます。

解説

税務上、ソフトウェアについてプログラムの修正等を行った場合において、当該修正等がプムグラムの機能上の障害の除去、現状の効用の維持等に該当するときはその修正等に要した費用は修繕費に該当し、新たな機能の追加、機能の向上等に該当するときはその修正等に要した費用は資本的支出に該当することとされています。なお、既に有しているソフトウェア、購入したパッケージソフトウェア等の仕様を大幅に変更して、新たなソフトウェアを製作するための費用は、原則として取得価額とされています（法基通7－8－6の2）。

したがって、ご質問のバージョンアップ費用が、旧ソフトウェアの仕様を大幅に変更して新たなソフトウェアを製作するための費用であ

ると認められるものは、新規取得とされますのでこれに係るインストール費用も取得価額に含まれることとなります。

　資本的支出とは、その支出により「当該資産の取得の時において当該資産につき通常の管理又は修理をするものとした場合に予測される当該資産の使用可能期間を延長させる部分に対応する金額」又は「当該資産の取得の時において当該資産につき通常の管理又は修理をするものとした場合に予測されるその支出の時における当該資産の価値を増加させる部分に対応する金額」とされています（法令132）。

　バージョンアップ費用が資本的支出に該当する場合において、それに伴い発生するインストール費用については、当該費用がソフトウェア自体の使用可能期間の延長又は価値の増加をもたらすものではないことから費用計上が認められるものと考えられます。

　もっとも、当該資本的支出の金額は、償却費の計算をする場合には新たな減価償却資産の取得があったものとして計算することとされています。

2－1－5　取得に伴う借入金の利子

当社は，大型コンピュータの導入に伴い新たなソフトウェアをA社に開発委託しました。

なお，開発期間が長期になるため着手金として500万円を支払いました。この資金は，借入金により調達しましたが，借入金の利子はソフトウェアの取得価額に含めることとなるのでしょうか。

ソフトウェアを取得するための借入金の利子を，ソフトウェアの取得価額に含めるか否かは法人の任意です。

ただし，支払利息についてソフトウェアの前渡金と同様に仮払金等として計上した場合は，ソフトウェアの取得価額となります。

解説

固定資産を取得するために借り入れた借入金の利子の額は，たとえ当該資産の使用開始前の期間に係るものであっても，これを固定資産の取得価額に算入しないことができることとされています。

ただし，借入金の利子の額を建設中の固定資産に係る建設仮勘定に含めたときは，当該利子の額は固定資産の取得価額に算入されたこととなります（法基通7－3－1の2）。

ご質問の場合も，固定資産であるソフトウェアの取得のための借入金ですから，上記のとおり借入金の利子はソフトウェアの取得価額に含めないことができます。すなわち，貴社が借入金の利子をソフト

ウェアの取得価額に含めるか否かは，貴社の選択に任されているということになります。

　なお，ソフトウェアの取得が翌事業年度以降となる場合に，当該借入金の利子を仮払金又はソフトウェアの前渡金に含めて経理した場合は，ソフトウェアの取得価額とされますから，その後の事業年度において費用に振り替えるようなことはできません。

2−1−6　割賦購入における割賦利息

　　当社は，A社からのソフトウェアの購入にあたり，3年分割による割賦契約としました。

　　A社との契約上，購入代金と利息は明確に区分されています。

　　この場合のソフトウェアの取得価額には，利息も含めて計上するのでしょうか。

　　割賦販売契約によって購入したソフトウェアの取得価額には，割賦利息が明らかに区分されている場合は，その利息は取得価額に含めないことができます。

解説

　割賦購入による固定資産の取得価額は，購入代価の総額によるべきものであり，その割賦期間中の利息相当額についても，原則として取得価額に含めることとなります。

　しかし，割賦販売契約や延払条件付譲渡契約により購入した固定資産の取得価額には，契約において購入代価と割賦期間の利息及び売手側の代金回収のための費用に相当する金額とが明らかに区分されている場合には，その利息及び必要相当額は含めないことができることとされています（法基通7−3−2）。

　ご質問の場合も，ソフトウェアの割賦購入契約において購入代金と利息とが明確に区分されているとのことですから，利息相当額につい

てはソフトウェアの取得価額に含めないことができます。

2-1-7 ソフトウェアについて値引きがあった場合の処理

当社は、前期にソフトウェアを委託開発により取得し事業の用に供していましたが、ソフトウェアの仕様が一部契約内容と異なっていたため、委託会社と値引交渉をしていました。

その結果、当期において値引額が200万円で合意しました。

このような値引額は、単に雑収入として処理するのでしょうか。

なお、このソフトウェアの前期の償却額は、

取得価額10,000,000円×0.2（法定耐用年数5年）

$$=2,000,000円$$

となっています（償却超過額はありません。）。

次の算式により計算した160万円をソフトウェアの帳簿価額から減算することが認められます。

値引額 2,000,000円 × $\left(\dfrac{\text{値引直前のソフトウェアの帳簿価額}\ 8,000,000円}{\text{値引直前のソフトウェアの取得価額}\ 10,000,000円}\right)$ = 1,600,000円

解説

　既に事業の用に供しているソフトウェアについてその後値引き，割引等があった場合，その値引き，割引等の金額は単に雑収入として収益に計上するのか，それともそのソフトウェアの取得価額を修正することができるのかが問題となります。

　法人税の取扱いにおいては，固定資産について値引き等があった場合には，当該固定資産の取得価額の修正が認められることとなります（法基通7―3―17の2）。

　もっとも，取得価額を修正する場合に減額することとなる金額は，過去にその値引き等をする前の取得価額を基礎として償却計算が行われていますから，値引額に対応する償却超過相当額を調整する必要があるため，次の算式による金額の範囲内で帳簿価額を減額することができることとされています。

$$値引き等の額 \times \frac{値引き等の直前における当該固定資産の帳簿価額}{値引き等の直前における当該固定資産の取得価額}$$

　ご質問の場合，上記算式により計算した160万円をソフトウェアの帳簿価額から減算することが認められます（差額40万円は，前期損益修正益等として処理）。

〈仕訳〉

（借　方）		（貸　方）	
現　金	2,000,000円	ソフトウェア	1,600,000円
		前期損益修正益	400,000円

2－1－8　外貨でソフトウェアを取得する場合の前渡金の処理

当社は，海外からソフトウェアを購入しましたが，代金の支払いは次のようになっています。

　平成X年9月30日　前渡金　10,000ドル（1ドル＝110円）　1,100,000円

　平成X年10月30日　残金（ソフトウェア引渡し時）
　　20,000ドル（1ドル＝120円）　2,400,000円

この場合，契約による代価は30,000ドルとなっていますが，ソフトウェアの引渡しがあった平成X年10月30日のレート（1ドル＝120円）で計算した3,600,000円を取得価額とするのでしょうか。

原則として取得日レートで計算した3,600,000円が取得価額となります。

ただし，前渡金について換算替えをしないこともできますから，前渡金1,100,000円と残金2,400,000円の合計3,500,000円を取得価額とすることもできます。

/解説/

法人税の取扱いでは，外貨建ての売買取引に関して支払った前渡金又は収入した前受金で資産の売買代金にあてられるものについては，将来外貨によって決済される債権債務ではなく，商品等の引渡しに

よって決済されるものであり，これを期末において為替相場によって換算することは不合理ですから，換算対象となる外貨建債権債務から除外されています（法基通13の2―2―1）。

　もっとも，資産の取得価額は発生時換算法による円換算額とされますから，取得日レートにより計算することとなります（法法61の8等）。

	（借　方）		（貸　方）	
9月30日	前渡金	1,100,000円	現　金	1,100,000円
10月30日	ソフトウェア	3,600,000円	現　金	2,400,000円
			前渡金	1,100,000円
			為替差益	100,000円

　しかしながら，前渡金は，将来資産の取得を目的として前渡ししているのであり，それが取引の条件となっているのですから，その取引が完結した場合には，その前渡金の帳簿価額をもってそのまま振り替え，引渡日の為替相場による円換算を行わないことができることとされています（法基通13の2―1―5）。

　ご質問の場合については，次のように仕訳することもできます。

	（借　方）		（貸　方）	
9月30日	前渡金	1,100,000円	現　金	1,100,000円
10月30日	ソフトウェア	3,500,000円	現　金	2,400,000円
			前渡金	1,100,000円

2−1−9 外貨で取得したソフトウェアの為替差損益

当社は，ソフトウェアを25,000ドルで購入し事業の用に供していますが，購入時のレートは1ドル＝110円であったため，取得価額を2,750,000円としました。

ところが，代金決済時のレートは1ドル＝100円となり250,000円の為替差益が生じることとなりました。

この為替差益は，ソフトウェアの取得代金について生じたものですから，このソフトウェアの取得代金2,750,000円から減額して減価償却を行うこととしてよいのでしょうか。

為替差益250,000円は，ソフトウェアの取得代金から減額することは認められません。

解説

資産の取得に要した外貨建債務を，当該事業年度終了の時の為替相場により円換算を行ったため換算差益が生じた場合であっても，当該資産の取得価額を減額することはできないものとされています（法基通13の2−1−9）。

これは，為替相場の変動による利益が資産の購入代金に対する値引きとは認められないこと，資産を取得した場合にはその取得時の為替相場で換算してその取得価額を記帳すべきものであり，その取得価額を修正すべき理由がないと考えられるためです。

したがって，逆に為替差損が生じた場合であっても，もちろん取得価額を増額する必要はないこととなります。

　ご質問の場合も，為替差益250,000円をソフトウェアの取得価額から減算することはできないこととなります。

	（借　方）	（貸　方）
取得時	ソフトウェア　2,750,000円	未払金　2,750,000円
決済時	未払金　2,750,000円	現　金　2,500,000円
		為替差益　250,000円

2－1－10　共同購入した場合の取得価額

当社は，会計業務のソフトウェア代36万円を関係会社A社と共同で支払いました。

このソフトウェアは，関係会社A社と共有して使用していますが，ソフトウェアの取得価額は，それぞれ18万円としてよいのでしょうか。

この場合，取得価額は18万円となりますから，一括償却資産制度の適用や少額減価償却資産の損金算入の特例の適用をすることも認められますか。

それぞれの持分である18万円が取得価額となります。したがって，一括償却資産制度の適用や少額減価償却資産の損金算入の特例の適用が認められます。

/解説/

事業の用に供した減価償却資産の取得価額は，当該資産の購入代価（引取運賃等の購入付随費用も含みます。）と当該資産を事業の用に供するため直接要した費用の合計額とされています（法令54①一）。

共有資産についても，それぞれの持分として支出した金額が，それぞれの取得価額となります。

また，一括償却資産（法令133の2）であるかどうか，少額減価償却資産の損金算入の特例（措法67の5）の適用資産であるかどうかは，事業の用に供した減価償却資産のその取得価額により判定することとさ

れています。
　ご質問の場合も，それぞれの会社の取得価額18万円によって判定しますから，一括償却資産の適用や少額減価償却資産の損金算入の特例の適用が認められます。

2－1－11 ライセンス契約によるソフトウェア

当社は，ソフトメーカーとの間において，ライセンス契約により当社で使用するパソコン50台分のソフトウェアの提供を受け，その対価として100万円を支払いました。

ライセンス契約によるソフトウェアの利用期間は永久となっており，解約の場合は提供されたソフトウェア（コピー）を破棄することとしています。

この場合の支払額は，税務上どのように取り扱われますか。

1台あたりの支出額は2万円ですから，少額減価償却資産として，事業の用に供したときの費用とすることができます。

/解説/

従来，ソフトウェアの取得費用は，繰延資産とされていました。また，繰延資産の少額判定にあたっては，契約ごとに支出する金額によることとされていました（法基通8－3－8）。

したがって，ご質問のような契約により支出した金額については，その支出額100万円を繰延資産として5年間により償却することとされていました。

ところが，平成12年度の税制改正により，ソフトウェアの資産区分が減価償却資産とされました。

減価償却資産の少額判定は，通常1単位として取引される単位とされています（法基通7―1―11）から，ご質問のような契約については，1台について提供されるソフトウェア一つずつの金額によることが認められるものと考えられます。

　そうすると，1台あたりのソフトウェアの取得価額は2万円となりますから，少額減価償却資産として事業の用に供した時の損金とすることができることになります。

2−1−12 リース取引の取扱い

ソフトウェアをリース取引により調達した場合の法人税の取扱いについてご教示ください。聞くところによれば，税務上はリース取引については，当初から売買取引として扱うとのことですが，その場合の取得価額等はどのように算定するのでしょうか。

税務上，売買処理が適用されるのはファイナンス・リース取引であり，オペレーティング・リース取引は，これまでどおり賃貸借処理が適用されます。

/解説/

1 リース取引の分類

　リース取引に係る会計基準（企業会計基準第13号「リース取引に関する会計基準」平成19年３月30日改正。以下，「リース会計基準」という。）では，「リース取引」とは，特定の物件の所有者たる貸手（レッサー）が，当該物件の借手（レッシー）に対し，合意された期間（以下，「リース期間」という。）にわたりこれを使用収益する権利を与え，借手は合意された使用料（以下，「リース料」という。）を貸手に支払う取引とされています（リース会計基準４）。

　次に，ファイナンス・リース取引とは，リース契約に基づくリース期間の途中において解除することができないリース取引等で，借手が当該契約に基づき使用するリース物件からもたらされる経済的利益を実質的に享受することができ，かつ，当該リース物件の使用に伴って生じるコストを実質的に負担することとなるリース取引をいうとさ

れ，それ以外のリース取引をオペレーティング・リース取引と定義しています（リース会計基準5，6）。

さらに，ファイナンス・リース取引は，リース契約上の諸条件に照らしてリース物件の所有権が借手に移転すると認められるもの（以下，「所有権移転ファイナンス・リース取引」という。）とそれ以外の取引（以下，「所有権移転外ファイナンス・リース取引」という。）とに分けられています（リース会計基準8）。

2　ファイナンス・リース取引の会計処理

ファイナンス・リース取引については，通常の売買取引に係る方法に準じて会計処理を行うこととされ（リース会計基準9），オペレーティング・リース取引については賃貸借取引に係る方法に準じて会計処理を行うこととされています（リース会計基準15）。

リース取引の借手においては，リース取引開始日に，通常の売買取引に係る方法に準じた会計処理により，リース物件とこれに係る債務をリース資産及びリース債務として計上しますが，その計上額の算定に当たっては，原則として，リース契約締結時に合意されたリース料総額からこれに含まれている利息相当額の合理的な見積額を控除する方法によることとされています。この場合の利息相当額については，原則として，リース期間にわたり利息法により配分します（リース会計基準10，11）。

なお，リース資産に係る減価償却費は，所有権移転ファイナンス・リース取引については，自己所有の固定資産に適用する減価償却方法と同一の方法により，また所有権移転外ファイナンス・リース取引については，リース期間を耐用年数とし，残存価額をゼロとして算定することとされています（リース会計基準12）。

3　リース期間終了時等の処理

所有権移転ファイナンス・リース取引において，リース期間の中途又はリース期間終了時に所有権が移転した場合，自己所有の固定資産に振り替え，減価償却を継続します（リース取引に関する会計基準の適用指針43）。

また，所有権移転外ファイナンス・リース取引においては，リース期間の終了時においては，通常リース資産の償却は終了し，リース債務も完済しているため，リース物件を貸手に返却する処理を除き，特に会計処理は要しません（リース取引に関する会計基準の適用指針29）。

4　税務上の取扱い

一方，法人税においては，平成19年度の税制改正により，リース取引は売買取引として取り扱うこととされ（法法64の2①），この売買取引として処理するリース取引は，リース会計基準におけるファイナンス・リース取引と同様の要件となっています（法法64の2③）。

したがって税務上，売買処理が適用されるのはファイナンス・リース取引ということになり，オペレーティング・リース取引は，これまでどおり賃貸借処理が適用されます。

まず，賃借人におけるリース資産の取得価額については，原則としてそのリース期間中に支払うべきリース料の合計額とされますが，リース料の合計額のうち利息相当額からなる部分の金額を合理的に区分できる場合には，当該リース料の合計額から当該利息相当額を控除した金額を取得価額とすることができます。この場合の利息相当額については，リース期間の経過に応じて利息法又は定額法により損金の額に算入します（法基通7-6の2-9）。

ただし，リース資産につき，賃貸借処理を行った場合には，賃借料として損金経理した金額は，償却費として損金経理した金額に含まれることとされています（法令131の2③）。

　次に減価償却費の計上についてですが，基本的には会計上の処理と税務上の取扱いとが合致しています。すなわち，所有権移転外ファイナンス・リース取引に係るリース資産はリース期間定額法により減価償却費を算定することとされ（法令48の2①六），利息相当額を合理的に区分できる場合には，その利息相当額はリース期間の経過に応じて利息法又は定額法により損金の額に算入することとされています（法基通7－6の2－9）。

　また，リース期間終了時に借手が購入代価を支払ってその資産を購入した場合の取扱いについては，税務上は賃借人が保有している資産に追加的な支出をすることになると認められることから，その購入時に購入代価を取得価額に加算することとされ，その場合の償却限度額は，以下に掲げる区分に応じて計算することとされています（法基通7－6の2－10）。

(1)　当該資産に係るリース取引が所有権移転リース取引であった場合……引き続き当該資産について採用している償却の方法により計算する。

(2)　当該資産に係るリース取引が所有権移転外リース取引であった場合……法人が当該資産と同じ資産の区分である減価償却資産について採用している償却の方法に応じ計算する。

5　消費税の取扱い

　ファイナンス・リース取引は，税務上，売買取引があったものとして取り扱うため，消費税の取扱いにおいても，リース資産の引渡しの時に資産の譲渡があったものとして取り扱うこととされています（消基通5―1―9(1)）。

　したがって，借手においてはリース資産の引渡しを受けた日の属する課税期間において，課税仕入れとして一括して仕入税額控除を行うことになります。ただし，賃貸借処理を行っている場合には，賃借料として経理する都度，仕入税額控除の対象とすることも認められています。

> **規則**
>
> 企業会計基準公開草案第17号「リース取引に関する会計基準（案）」及び企業会計基準適用指針公開草案第21号「リース取引に関する会計基準の適用指針（案）」に対する意見
> 1　ファイナンス・リース取引の分類について（会計基準第8項及び適用指針第82項）
> （コメント）
> 　ソフトウェアのファイナンス・リース取引に対する分類基準を明確にすべきである。
> （理由）
> 　会計基準第8項において，所有権移転ファイナンス・リース取引と所有権移転外ファイナンス・リース取引の分類は，所有権が借手に移転することを基準としている。しかし，ソフトウェアは，たとえ通常の売買取引であっても所有権は作成者にあり，借手には使用許諾が認められるだけであることから，この分類基準はソフトウェア取引にはなじまないものである。
> 　また，ソフトウェアのリース取引は，ハードウェアのリース料とソフ

トウェアのリース料とが一体として決められているケースや，それぞれが区分されていても，ソフトウェアのリース料の中に，ソフトウェア本体の金額以外の，例えば保守サービス提供料等の金額が含まれ，多くの場合それを明確に区分することが困難である。そのため，多くのソフトウェアのリース取引は，適用指針第3項及び第82項の適用により本リース会計基準の適用範囲外となることが懸念される。

したがって，このようなソフトウェアのリース取引の特殊性を考慮した会計基準及び適用指針の整理が必要である。

2−1−13 バージョンアップ費用の取扱い

当社では2年前に購入したソフトウェアについて、購入先にバージョンアップを依頼する予定ですが、このバージョンアップ費用は一時の損金となりますか。また、バージョンアップを毎年定期的に行う場合と、必要の都度行う場合とではその取扱いに違いはありますか。

法人税の取扱いでは、新たな機能の追加等、大幅な改良に係る費用は資本的支出とされますので（基通7−8−6の2）、機能上の障害除去や機能維持のための費用を除き、一般的な機能の改良、強化等を伴うプログラムの修正はほとんど資本的支出に該当するケースが多いのではないかと思われます。

解説

1 ソフトウェアの取得価額

法人税法上、ソフトウェアの定義規定はありませんが、一般的には会計上の概念と同じであると考えられます。

しかし、ソフトウェアの処理については、会計上は製作目的別（販売目的、自社利用目的等）に規定しているのに対し、法人税法上はソフトウェアとして計上する際の取得価額について取得形態別（購入、自己製作等）に応じた規定振りとなっています（法令54①一，二）。

外部からの購入における取扱いは、会計上の処理と同様ですが、自社製作の場合、ソフトウェアの取得価額に算入しないことができる費

用のうち，研究開発費の額の取扱いについては会計と税務の取扱いが異なっています。

すなわち，会計上は「将来の収益獲得又は費用削減が不明な場合」は費用処理しますが，税務上は「将来の収益獲得又は費用削減にならないことが明らかなもの」に限り費用処理することができることとされています。

また，ソフトウェアの大幅な改良に係る取扱いでも，会計上はすべて研究開発費とされるのに対し，税務上は既存のソフトウェアに係る資本的支出として資産計上することとされていますので注意が必要です（法基通7－8－6の2（注））。

2　ソフトウェアに係る資本的支出と修繕費

法人税法においては，内国法人がその有する固定資産について支出する金額で次に該当するものは，資本的支出として損金の額に算入しないこととされています（法令132）。

(1) 当該支出する金額のうち，その支出により，当該資産の取得の時において当該資産につき通常の管理又は修理をするものとした場合に予測される当該資産の使用可能期間を延長させる部分に対応する金額

(2) 当該支出する金額のうち，その支出により，当該資産の取得の時において当該資産につき通常の管理又は修理をするものとした場合に予測されるその支出の時における当該資産の価額を増加させる部分に対応する金額

法人が有するソフトウェアについても原則として上記の規定が適用されることになりますが，実務上においては，どういった支出が資本的支出となるのかという点が問題となります。この点，法人税基本通

達ではソフトウェアに関する資本的支出と修繕費の区分について次のように取扱うこととされています（法基通7―8―6の2）。

> **条文**
>
> **法人税基本通達7―8―6の2《ソフトウェアに係る資本的支出と修繕費》**
>
> 　法人が，その有するソフトウェアにつきプログラムの修正等を行った場合において，<u>当該修正等が，プログラムの機能上の障害の除去，現状の効用の維持等に該当するときはその修正等に要した費用は修繕費に該当し，新たな機能の追加，機能の向上等に該当するときはその修正等に要した費用は資本的支出に該当する</u>ことに留意する。
> （注）<u>既に有しているソフトウェア，購入したパッケージソフトウェア等の仕様を大幅に変更して，新たなソフトウェアを製作するための費用は，原則として取得価額になる</u>ことに留意する。
>
> （アンダーラインは筆者による）

　これに対し，自社利用のソフトウェアについて会計上の取扱いを見てみますと，税務の取扱いとは大きく違っています。実務指針では，ソフトウェアに係る改善等のための費用は次のように取り扱うこととされています。

> **規則**
>
> **研究開発及びソフトウェアの会計処理に関する実務指針　第15項**
>
> 　<u>自社で過去に製作したソフトウェア又は市場で販売されているパッケージソフトウェアの仕様を大幅に変更して，自社のニーズに合わせた新しいソフトウェアを製作するための費用は，それによる将来の収益獲得又は費用削減が確実であると認められる場合を除き，研究開発目的と考えられるため，購入ソフトウェアの価額も含めて費用処理する</u>。将来の収益獲得又は費用削減が確実であると認められる場合には，購入ソフ

トウェアの価額を含めて当該費用を無形固定資産として計上する。

(アンダーラインは筆者による)

　すなわち，会計上は，「将来の利益獲得又は費用削減」の効果を判断した上で，それが確実と認められない限り費用処理するのに対し，税務上はその「将来の利益獲得又は費用削減」の効果に関係なく，原則として取得価額として処理することとされていますので，注意が必要です。

3　バージョンアップ費用について

　バージョンアップ等でいうバージョン（version）とは，ソフトウェアの更新の度に，その改訂段階を識別するためにつけられた番号を指します。一般的には，ソフト名等の後にver.3.0やver.3.1のように表記され，数字が大きくなるほど新しく更新されたものと識別できるようになっています。

　また，バージョンアップをメジャーバージョンアップ（新機能の追加や大幅な機能強化をした場合）と，マイナーバージョンアップ（既存のバージョンのバグの解消などの小幅な改訂をした場合）とに分ける場合もあります。

　このように，バージョンアップといってもその内容は様々ですので，その内容により個別に判断すべきこととなりますが，法人税の取扱いでは上記2で述べたとおり新たな機能の追加等，大幅な改良に係る費用は資本的支出とされますので（基通7—8—6の2），機能上の障害除去や機能維持のための費用を除き，一般的な機能の改良，強化等を伴うプログラムの修正はほとんどが資本的支出に該当するケース

が多いのではないかと思われます。

　ご質問にあるような購入したソフトウェアに対するバージョンアップ費用も，その仕様を大幅に変更するような内容のものであれば資本的支出に該当するものと考えます。

　したがって，毎年支出するか，随時支出するかの区分ではなく，その支出の内容がどうであるかにより資本的支出となるか，修繕費となるかを判断することになると思われます。

第2章

ソフトウェアの取得費

(2) 自社製作した場合

2－2－1　ソフトウェアの自社製作費

当社では，自社使用のソフトウェアを電算部で製作しています。

自社製作の場合のソフトウェアの取得価額は，どのようになるのでしょうか。

ソフトウェアの製作に要した材料費や人件費等が取得価額となります。

/解説/

　従来，ソフトウェアの資産区分は繰延資産とされており，その取得形態によって，①購入又は外注製作の場合には資産計上し，②自社製作の場合は，その製作に要した費用の額を即時損金（期間費用）とすることとされていました。

　ところで，平成12年度の税制改正により，ソフトウェアについては無形固定資産とし，法定耐用年数の定めがなされました。

　この改正により，従来のようにソフトウェアの取得形態の区分によってその費用の処理方法を区分することなく，その取得に要した費用を原則的に資産計上して，他の減価償却資産と同様にその利用目的に応じて償却することとなりました。

　したがって，ソフトウェアの取得価額については，減価償却資産の取得価額の規定によることとなります。

　すなわち，自己の建設，製作又は製造（以下建設等といいます。）に

係る減価償却資産の取得価額は，次の金額の合計額とされています（法令54①二）。

　㈜　当該建設等のために要した原材料費，労務費及び経費の額
　㈹　当該資産を事業の用に供するために直接要した費用の額

　なお，この場合，その取得価額については適正な原価計算に基づいて算定することとなるのですが，法人が，原価の集計，配賦等について合理的であると認められる方法を継続して計算している場合には，これが認められることとなります（法基通7―3―15の2）。

　自社製作のソフトウェアの製作原価の大部分は人件費であり，専ら一つのソフトウェアの製作に携っている従業員等の人件費は，その実額を取得価額に算入することとなります。なお，従業員等が複数のソフトウェアの製作に携っている場合には，一人当りの平均賃金等によりそれぞれのソフトウェアに携った時間を集計して取得価額に算入するのが一般的かと思われます。

　また，次に掲げるような費用は，取得価額に含めないことができることとされています（法基通7―3―15の3）。

　①　自己の製作に係るソフトウェアの製作計画の変更等により，いわゆる仕損じがあったため，不要となったことが明らかなものに係る費用

　②　研究開発費の額（自社利用のソフトウェアについては，その利用により将来の収益獲得又は費用削減にならないことが明らかなものに限ります。）

　③　製作等のために要した間接費，付随費用等で，その費用の額の合計額が少額（その製作原価のおおむね3％以内の金額）であるもの

ご質問のように，自社で製作したソフトウェアの取得価額は，原則として自社製作に係る原材料費，人件費，電算部の経費等を合理的に配賦することとなります。

2-2-2 ソフトウェアの自社製作費（役員報酬）

当社は，従業員20名のソフトハウスであり，役員も実際にソフトウェアの製作に従事しています。この場合ソフトウェアの取得価額に当該役員の報酬も算入しなければならないのでしょうか。

役員がソフトウェアの製作に従事している限り，その役員報酬もソフトウェアの取得価額に算入することとなります。

解説

　税務上，自己が製作したソフトウェアの取得価額は，当該製作に要した原材料，労務費及び経費の額とソフトウェアを事業の用に供するために直接要した費用の額の合計額とされています（法令54①）。

　したがって，役員がソフトウェアの製作に直接携わっていれば，その役員報酬も当該製作に要した労務費として取得価額に算入することとなります。もっとも，取得価額に算入する役員報酬の額は，製作に直接携わった部分の金額であり，製作に直接携わらない部分については取得価額には含まれません。製作に携わった時間数等の合理的な計算により配賦することとなります。

　なお，役員賞与（使用人兼務役員の使用人部分を除きます。）については，損金不算入とされていることからも取得価額に含める必要はないと思われます。

2−2−3　マンガの主人公の使用許諾を受けてソフトウェアを製作した場合

　当社は，マンガの主人公の使用許諾を受けるため一時金として800万円を支払いました。そして，そのマンガの主人公をキャラクターとしたゲームソフトを作成しました。
　ゲームソフトの製作費は300万円ですが，このソフトウェアの取得価額は1,100万円とするのでしょうか。

　マンガの主人公の使用許諾の対価800万円は，繰延資産として支出時から償却計算することとなります。
　ゲームソフトの製作費用は，原則として無形固定資産として資産計上することとなり，ゲームソフトを事業の用に供した時（販売用ソフト製作開始等）から減価償却することとなります。
　なお，ゲームソフトの製作費のうち，研究開発費の額は取得価額に含めないことができます。

解説

　税務上，ソフトウェアが従来の繰延資産から無形固定資産として取り扱われることとなりましたが，ご質問のゲームソフトのようにソフトの中に含まれるキャラクター等の使用許諾料等もソフトウェアとして取得価額とするのかどうかが問題となります。
　企業会計上，ソフトウェアとは，コンピュータ・ソフトウェアをいい，その範囲は，①コンピュータに一定の仕事を行わせるためのプロ

グラム，②システム仕様書，フローチャート等の関連文書とされており，コンテンツとは，ソフトウェアとは別個のものとして取り扱い，ソフトウェアには含まれないこととされています。

　ただし，ソフトウェアとコンテンツが経済的・機能的に一体不可分と認められるような場合には，両者を一体として取り扱うことができることとされています。

　税務上も，基本的には同様と考えられます。

　ご質問の場合のように，マンガの主人公をソフトウェアの中において利用するための使用許諾料の支払額は，いわゆるコンテンツの価額と認められますから，ソフトウェアとは別個のものとされます。当該支払額は，出版権の対価に準じて繰延資産として処理することとなり（法基通8―1―10），原則としてその償却費を販売用の複写ソフトの原価に配賦することとなります。

　もっとも，工業所有権等に係る頭金の償却費については，製造原価に含めないことができる（法基通5―1―4）こととされていますから，当該使用許諾料も同様に取り扱うことができると考えられます。

　なお，このような繰延資産の償却期間は，支出の効果の及ぶ期間となりますから，一般に設定契約に定める使用許諾期間によることとなります（法基通8―2―3）。

　一方，コンテンツを除くソフトウェアの取得費用は，原則として無形固定資産として資産計上することとなりますが，ゲームソフトの製作費のうち，研究開発費の額は取得価額に算入しないことができることとされています（法基通7―3―15の3(2)）。

　さらに，無形固定資産に計上したゲームソフト（複写して販売するための原本となるソフトウェア）の償却費については，製品の製造原

価に算入しないことができることとされています（法基通5－1－4(6)）。

2－2－4 ソフトウェアの取得価額に交際費等が含まれている場合の処理

当社は自社製作によりソフトウェアを取得しましたが，取得価額には交際費等の支出が60万円含まれています。

確定申告にあたり，交際費等の損金不算入額の計算をしたところ，支出交際費等の額は3,000万円で，そのうち2,760万円が損金不算入となります。

このような場合のソフトウェアの処理は，どのようにするのでしょうか。

次の算式により計算した金額552,000円をソフトウェアの取得価額から減算することができます。

$$\underset{\substack{\text{交際費等の}\\\text{損金不算入額}}}{27{,}600{,}000\text{円}} \times \frac{\underset{\substack{\text{取得価額に含まれて}\\\text{いる交際費等の金額}}}{600{,}000\text{円}}}{\underset{\text{支出交際費等の金額}}{30{,}000{,}000\text{円}}} = \underset{\substack{\text{取得価額から}\\\text{減算できる金額}}}{552{,}000\text{円}}$$

/解説/

交際費等の損金不算入の計算は支出ベースで行われますから，固定資産の取得価額に含まれている交際費等についても支出した事業年度の損金不算入の対象とされ，一時的に二重に損金不算入の部分が生じることになります（その後の償却費として損金に算入されますが，課税が先行することとなります。）。

そこで，これらを調整するため，確定申告書において取得価額に算入した交際費等の金額のうち損金不算入からなる部分の金額を限度として，その固定資産の取得価額を減額することができることとされています（措通61の4(2)—7）。

　固定資産の取得価額から減算できる金額は，次の算式により計算します。

$$\text{取得価額から減算できる金額} = \text{交際費等の損金不算入額} \times \frac{\text{取得価額に含まれている交際費等の金額}}{\text{支出交際費等の金額}}$$

　具体的な申告調整は，別表四の減算欄（留保）で所得金額から控除し，別表五㈠にソフトウェア△〇〇〇〇円と表示します。

　そして，翌期において，会社の帳簿上，

（借方）雑損　〇〇〇〇円　　　（貸方）ソフトウェア　〇〇〇〇円

の仕訳を行い，確定申告書別表四の加算欄で雑損過大として所得金額に加算し，別表五㈠のソフトウェア△〇〇〇〇円を消去することとなります。

2－2－5　自社利用ソフトウェアの会計上と税務上の相違

前文1－5で述べたように，会計上，自社利用ソフトウェアについては，その利用により将来の収益獲得又は費用削減が確実であるかどうかにより判断することとされ，確実と認められる場合に資産計上することとされています。

税務上も同様に取り扱ってよいのでしょうか。

税務上，自社利用ソフトウェアの研究開発費については，その利用により将来の収益獲得又は費用削減にならないことが明らかな場合にのみ，取得価額に算入しないことができることとされています。

/解説/

　企業会計においては，自社利用ソフトウェアについて将来の収益獲得又は費用削減が確実である場合は，将来の収益との対応等の観点から，その取得に要した費用を資産として計上し，その利用期間にわたり償却をすることとされています。

　したがって，ソフトウェアを用いて外部に業務処理等のサービスを提供する契約がある場合や完成したソフトウェアを購入した場合には，将来の収益獲得又は費用削減が確実と考えられるため資産計上することとされ，社内利用ソフトを自社で製作する場合や委託製作する

場合には，将来の収益獲得又は費用削減が確実である場合を除いて費用処理することとされています。

一方，税務上の取扱いについては，自社利用ソフトウェアについてその利用により将来の収益獲得又は費用削減にならないことが明らかなもののみが，取得価額に算入しないことができることとされています（法基通7—3—15の3(2)）。

したがって，会計上と税務上の資産計上の判断が同一とはなりませんので，留意する必要があります。

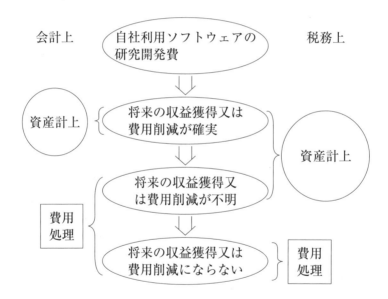

自社利用ソフトウェアについては，どのようなシステムを構築すれば良いのか等，現状の業務分析やシステム運用モデル概案等の事前準備を行ったうえで実際のソフトウェアの開発に着手する場合があります。

このような事前準備費用は，ソフトウェア開発に際して行われる研

究開発(税務上の繰延資産である開発費又は試験研究費でいずれも一時償却可能なもの)と考えられますから,これに要した費用は将来の収益獲得又は費用削減にならないことが明らかなものとして費用処理できるものと考えられます。

　もっとも,事前準備を終えたのちに支出することなるものについてはその支出が将来の収益獲得又は費用削減にならないことが明らかなものを除き資産計上することとなると考えられます。

2－2－6　自社利用ソフトウェア開発の外部委託と自社開発

当社では，全社的な情報インフラの整備，共有化を図るため，今まで個別対応としていたシステムを統合し，全社システムの開発をすることとしました。この全社システムの開発について，現状分析の調査や必要プログラムの洗い出し，運用モデルの企画立案から設計プログラミング等ソフトウェアの完成までを外部のソフトウェア会社に一括して委託しました。この場合の委託費のうち開発費相当額は費用処理ができるでしょうか。開発部分を自社開発とした場合はどうなるのでしょうか。

一括発注している場合には，いわばソフトウェアの購入と同様であり開発費相当額を取り出して費用処理（取得価額から除く）はできないものと思われます。

研究開発部分を自社開発した場合には研究開発費と認められ費用処理が可能と思われます。

解説

新たなシステム開発を行う場合には，どのようなシステムを構築すればよいのか等，現状の業務分析や必要プログラムの洗い出し，運用モデルの概案作成等の事前準備から設計，プログラミング等のソフトウェアの完成という手順を踏むこととなります。

企業会計上，研究開発はすべて発生時に費用処理することとされています。税務上も，自己が製作したソフトウェアの取得価額は製作のための原材料費，労務費及び経費の額にソフトウェアを事業の用に供するための直接費用の額の合計額とされていますが，研究開発費の額は取得価額に含めないことができることとされています。ただし，自社利用ソフトウェアについてはその利用により将来の収益獲得又は費用の削減にならないことが明らかなものに限ることとされています（法基通7―3―15の(2)）。したがって，質問のような現状分析の調査や必要プログラムの洗い出し，運用モデルの企画立案などの事前準備費用はソフトウェア開発に際して行われる研究開発（税務上の繰延資産である開発費又は試験研究費でいずれも一時償却可能なもの）と考えられますから，これらに要した費用は，将来の収益獲得又は費用削減にならないことが明らかなものとして費用処理が可能であると思われます。

　もっとも，自社利用ソフトウェアの取得には，一部を自社開発する場合や全てを自社開発する場合，あるいは全てを外部に委託して開発する場合等があり，その取得形態に応じて個々に判断する必要があるものと思われます。

　質問にもありますが，開発から設計，プログラミング等のすべてを一括して外部委託する場合には，市販のソフトウェアの購入となんら変わりがなく，たとえ委託業務のなかに研究開発費に相当するものが含まれているとしてもその費用相当額を取り出して費用処理することはできないと思われます。ただし，一括外部委託することに代えて，研究開発部分と設計・プログラミング等のソフトウェア部分に合理的に区別して個別契約する場合には，研究開発部分について費用処理ができるものと考えられます。

2-2-7 特定の研究開発目的のためのソフトウェアの処理

会計上，特定の研究開発目的にのみ使用され，他の目的に使用できないソフトウェアを取得した場合の原価は，取得時に研究開発費として処理することとされています。

税務上も同様に処理して問題ないと考えてよいのでしょうか。

特定の研究開発にのみ使用するため取得したソフトウェアであっても，減価償却資産として計上することとなります。

したがって，取得時に研究開発費として全額損金処理した場合は，申告調整により償却超過額を所得加算することとなります。

/解説/

会計上，特定の研究開発目的にのみ使用され，他の目的に使用できない機械装置や特許権等を取得した場合には，仮に研究開発期間が1年超であっても当該機会装置や特許権等の取得費用は，その全額を研究開発費として処理することとされています。

一方，税務上の取扱いは，特定の研究開発目的にのみ使用される機械装置等であっても，「減価償却資産の耐用年数等に関する省令」に定めるところにより，減価償却資産として計上し償却することとなります。

研究開発のためのソフトウェアについても，特定の研究開発にのみ

使用するため取得又は製作をしたものであっても，減価償却資産となります。

ただし，研究開発のためのいわば材料となるものであることが明らかなものは除かれます（法基通7―1―8の2）。

なお，このソフトウェアが耐用年数省令別表第六の資産に該当する場合の耐用年数は3年となります。

ご質問の場合のように，取得時に全額損金処理しますと税務上の取扱いと異なることとなりますから，申告調整により償却超過額を取得加算することとなります。

第2章

ソフトウェアの取得費

(3) 引き継いだ場合

2−3−1 法人成りの場合のソフトウェアの引継ぎ

私は，個人で事業を営んでいましたが，今般，法人成りによって株式会社を設立しました。

設立に際し，債権債務の引継ぎをしましたが，資産の中に自社使用のソフトウェアが含まれています。ソフトウェアの引継価額は，どのようにするのでしょうか。なお，このソフトウェアの帳簿価額は120万円で1年前に取得し，適正に減価償却を実施した残額となっています。

ソフトウェアの引継価額は時価によります。また，当該ソフトウェアの耐用年数は5年（法定耐用年数）となるでしょう。

/解説/

法人成りに際し，資産を引き継ぐ場合は，会社の合併とは異なり，個人から法人に対する資産の譲渡ですから，その譲渡価額は適正な時価によることとなります。

この場合の時価とは，その資産が使用収益されるものとして，譲渡日において通常付される価額とされています。具体的には，その資産の種類，型式，使用経過年数等を考慮し，販売業者の見積販売価額，類似物件の売買実例価額等と比準して価額を決定することとなります。

もっとも，資産の評価はその絶対的な基準がなく，きわめて難しい

場合が多いことから，有形固定資産については，再取得価額から減価償却費相当額を控除した価額による場合は，これが認められることとなっています。

　ソフトウェアは無形固定資産であり，有形固定資産ではないことから，再取得価額から減価償却費相当額を控除した価額を時価とする方法は認められないのではないかとの疑問が生じますが，時価の算定が困難である以上，この方法によることもやむを得ないと考えられます。

　ご質問の場合，1年前に取得したソフトウェアであり，市場価額にあまり変動がないとすれば，帳簿価額による引継ぎも認められると思われます。

　なお，個人から引き継いだ減価償却資産は原則として中古資産に該当しますから，中古資産を取得した場合の見積耐用年数の取扱いによることができます。この場合，その見積りが困難であるときは，次の算式による簡便法によることができます（耐令3①二）。

《法定耐用年数の一部を経過したもの》
見積耐用年数＝（法定耐用年数－経過年数）＋（経過年数×0.2）

　もっとも，上記簡便法が適用される減価償却資産は，「減価償却資産の耐用年数等に関する省令」の別表第一，別表第二又は別表第五及び別表第六に掲げる減価償却資産とされており，無形固定資産である当該ソフトウェアは含まれません。

　したがって，中古のソフトウェアについては，常に適正に見積もった残存使用期間（見積耐用年数）によることとなります。

しかしながら，ソフトウェアの機能的な効果や物理的な損耗を考えると，その残存使用可能期間の算定は非常に困難であり，結局のところ法定耐用年数による償却期間となるものと考えられます（従来，ソフトウェアが繰延資産として取り扱われていましたが，この場合の中古ソフトウェアの償却期間は，ソフトの機能的効果が変わらないことから5年とされ，見積耐用年数の適用はされていませんでした。)。

2−3−2 適格合併等により受け入れたソフトウェアの処理

当社は,子会社A社を吸収合併（適格合併）することとなりました。

被合併法人であるA社の資産には,ソフトウェア（平成12年4月1日以後取得のもので,無形固定資産として計上）があります。

合併により取得することとなるこのソフトウェアは,中古資産の取得として償却計算等をすることとなるのでしょうか。

被合併法人の取得価額	5,000,000円
被合併法人の帳簿価額	3,000,000円
合併法人の受入価額	3,000,000円

合併期日は期首とします。また,合併法人において事業の用に供するために直接要した費用の額はありません。

このソフトウェアの法定耐用年数は5年です。

合併法人は,減価償却資産として引き継ぐこととなり償却計算は次のとおりとなります。

被合併法人の取得価額	無形固定資産（ソフトウェア）の定額法の償却率	償却限度額
5,000,000円 ×	0.2	＝1,000,000円

解説

《取得価額》

　適格合併又は適格現物分配（適格合併等）により移転を受けた減価償却資産の取得価額は，次に掲げる金額の合計額とされています（法令54①五）。

(イ)　当該適格合併等に係る被合併法人又は現物分配法人が当該適格合併等の日の前日の属する事業年度において当該資産の償却限度額の計算の基礎とすべき取得価額

(ロ)　当該合併等に係る合併法人又は被現物分配法人が当該資産を事業の用に供するために直接要した費用の額

　この取得価額は，減価償却資産の償却費の計算の基礎となる取得価額を規定したものであり，合併法人等のその減価償却資産の付する帳簿価額ではありません。適格合併等による減価償却資産の引継ぎについては，被合併法人等の最後事業年度の帳簿価額により引継ぎをしたものとされています（法法62の2）。この場合の帳簿価額とは，税務上の帳簿価額をいいますから，被合併法人等の償却超過額についても合併法人の償却超過額として引き継ぐこととなります（法法31④）。また，合併法人等が被合併法人の最後事業年度の帳簿価額に満たない価額で受け入れた場合には，その満たない部分の金額は，合併の日の属する事業年度前の各事業年度の損金経理額（償却超過額）とみなされます（法法31⑤）。

《耐用年数》

　適格合併等により移転を受けた減価償却資産については，それが譲渡によるものではなく，帳簿価額による資産の引継ぎと規定されていますので，適用することとなる耐用年数は原則として被合併法人等に

おいて適用していた耐用年数となります。ただし，被合併法人等が中古資産の見積耐用年数によっていた場合には，その見積耐用年数によることができることとされています（耐令3②）。

条文

耐用年数通達1―5―13《適格合併等により移転を受けた減価償却資産の耐用年数》

　適格合併又は適格分割型分割により合併法人又は分割承継法人が被合併法人又は分割法人（以下1―5―13において「被合併法人等」という。）から受け入れた減価償却資産の耐用年数は，当該資産について定められている耐用年数省令別表に掲げる耐用年数による。ただし，被合併法人等が当該減価償却資産について省令第3条《中古資産の耐用年数等》の規定により算定した耐用年数を適用していた場合には，当該耐用年数によるのであるから留意する。

　なお，平成15年度の税制改正により，平成15年4月1日以後に行う適格合併等により減価償却資産の引継ぎを受けた場合に，合併法人等は減価償却資産の耐用年数を見積もることができることとされました。これは，適格合併等の場合，帳簿価額（税務上）の引継ぎが強制されており償却超過額についても引継ぎが認められる一方，被合併法人において償却不足がある場合との整合性を図ったものと考えられます。

　なお，ソフトウェアについて中古資産としての耐用年数の見積りが認められるかどうかについては，現実的にはかなり難しいものと考えられます（「2―3―4　中古ソフトウェアの耐用年数」〈101頁〉参照）。

2－3－3 非適格合併等により受け入れたソフトウェアの処理

当社は，A会社を吸収合併（非適格合併）することとなりました。

被合併法人であるA社の資産には，ソフトウェア（平成12年4月1日以後取得のもので，無形固定資産として計上）があります。

合併により取得することとなるこのソフトウェアは，中古資産の取得として償却計算等をすることとなるのでしょうか。

被合併法人の取得価額	5,000,000円
被合併法人の帳簿価額	3,000,000円
合併法人の受入価額	3,000,000円

合併期日は期首とします。また，合併法人において事業の用に供するために直接要した費用の額はありません。

このソフトウェアの法定耐用年数は5年です。

合併法人は，被合併法人から譲渡により減価償却資産を取得したものとして処理することとなります。

合併法人の取得価額	無形固定資産（ソフトウェア）の定額法の償却率	償却限度額
3,000,000円×	0.2	＝600,000円

解説

《取得価額》

　非適格合併等の場合には，被合併法人等から合併法人等に移転する資産及び負債は，合併等の日の時価により譲渡したものとして取り扱われます。

　被合併法人は，被合併法人の最後事業年度において資産及び負債の譲渡による損益を計上することとなります。

　合併法人は被合併法人から譲受けにより，資産及び負債を合併期日の時価により取得することとなります。

　この場合の時価とは，その資産が使用収益されるものとして，譲渡日において通常付される価額とされています。具体的には，その資産の種類，形式，使用経過年数等を考慮し，販売業者の見積販売価額，類似物件の売買実例等と比準して価額を決定することとなります。もっとも，資産の評価はその絶対的な基準がなく，きわめて難しい場合が多いことから，有形固定資産については，再取得価額から減価償却費相当額を控除した価額によることも認められることとされています。

　ソフトウェアは無形固定資産であり，有形固定資産における上記取扱いは適用がないのではとの疑問が生じますが，時価の算定が困難である場合には，この方法によることも認められるものと考えられます。

《耐用年数》

　非適格合併等により移転を受けた減価償却資産については，それが譲渡によるものとされていますので，適用することとなる耐用年数は原則として法定耐用年数となります。

なお，取得したソフトウェアは被合併法人において事業の用に供していたものであり中古資産に該当しますから，原則的には，中古資産を取得した場合の見積耐用年数の取扱いによることができます。ただし，簡便法による見積りは適用がありません。
　したがって，中古ソフトウェアについては，常に適正に見積もった残存使用期間（見積耐用年数）によることとなります。
　しかしながら，ソフトウェアの機能的な効果や物理的な損耗を考えるとその残存使用可能期間の算定は非常に困難であり，結局のところ法定耐用年数によることとならざるを得ないものと思われます。

2-3-4 中古ソフトウェアの耐用年数

当社は，親会社が購入し使用していたソフトウェアを300万円で購入しました。

このソフトウェアは親会社で2年7か月使用していたものですが，当社においての耐用年数は何年とするのでしょうか。

原則的には適正に見積もった残存使用期間（見積耐用年数）によることとなりますが，ソフトウェアの機能的効果が変わらないことからすると，法定耐用年数である5年とすることとなるでしょう。

解説

　他のものが使用していた減価償却資産を取得した場合は，中古資産に該当しますから，中古資産を取得した場合の見積耐用年数の取扱いによることができます。この場合，その見積りが困難であるときは，次の算式による簡便法によることができます（耐令3①二）。

《法定耐用年数の一部を経過したもの》

　見積耐用年数＝（法定耐用年数－経過年数）＋（経過年数×0.2）

《法定耐用年数の全部を経過したもの》

　法定耐用年数×0.2

　もっとも，上記簡便法が適用される減価償却資産は，減価償却資産の耐用年数等に関する省令別表第一，別表第二又は別表第五から別表

第八に掲げる減価償却資産とされており，無形固定資産である当該ソフトウェアは含まれていません。

したがって，中古のソフトウェアについては，常に適正に見積もった残存使用期間（見積耐用年数）によることとなります。

しかしながら，ソフトウェアの機能的効果や物理的な消耗を考えると，その残存使用可能期間の算定は非常に困難であり，結局のところ法定耐用年数によらざるを得ないものと思われます（従来ソフトウェアは繰延資産として取り扱われていましたが，この場合も中古ソフトウェアの償却期間は，ソフトウェアの機能的効果が変わらないことから5年とされ，支出の効果が及ぶ期間を見積りにより5年未満とすることは認められていませんでした。）。

ソフトウェアについては，耐用年数省令による資産区分により，無形固定資産たるソフトウェアと開発研究用減価償却資産たるソフトウェアとに区分されますが，無形固定資産たるソフトウェアについては中古資産の見積耐用年数について簡便法が適用できず，一方で開発研究用ソフトウェアについては簡便法の適用ができるという矛盾が生じます。

この点については，今後の税法改正あるいは通達改正により，どのように取り扱われるか注目すべきところです。

第3章

ソフトウェアと減価償却

3－1　少額減価償却資産及び一括償却資産の基準

当社は，3月決算の法人ですがこのたび，市販のソフトウェアを8万円及び14万円で二つ購入し，ただちに事業の用に供しました。

これらのソフトウェアの資産計上は，どのように取り扱われるのでしょうか。

取得時に全額損金とすることができる減価償却資産は，取得価額が10万円未満の減価償却資産となります。

また，取得価額が10万円以上20万円未満の資産は，事業年度ごとに一括して3年間で償却することができます。

なお，青色申告である中小企業者等が平成18年4月1日から平成30年3月31日までに30万円未満の減価償却資産を取得した場合には損金経理を条件に取得価額の一括損金処理が認められます（措法67の5）。

/解説/

従来，取得価額が20万円未満の減価償却資産については，少額減価償却資産として事業の用に供した事業年度で損金の額に算入することができました。

しかし，平成10年度の税制改正により平成10年4月1日以降開始する事業年度から，この少額減価償却資産の取得価額基準が10万円未満に引き下げられました（法令133）。

また，同じ平成10年度の税制改正において，一括償却資産の損金算

入制度が創設され，取得価額が20万円未満の減価償却資産（国外リース資産に該当するもの及び平成19年４月１日以後取得されたリース資産並びに取得価額が10万円未満の減価償却資産で少額減価償却資産の取得価額の損金算入の適用を受けるものを除きます。）を事業の用に供した場合において，その資産の全部又は特定の一部を一括したものの取得価額の合計額を，その事業年度以後の各事業年度の費用の額又は損失の額とする方法を選択したときは，その一括償却資産につき，これらの事業年度において損金の額に算入される金額は，その一括償却資産の取得価額の合計額の全部又は一部について損金経理をした金額のうち，次の算式によって計算した金額に達するまでの金額とされました（法令133の２）。

（算　式）

$$\frac{一括償却対象額 \times 事業年度の月数}{36}$$

　ご質問の場合，８万円のソフトウェアについては少額減価償却資産として，全額当期の損金とすることができます。

　14万円のソフトウェアについては，一括償却資産の適用を受ける場合は，当期の償却額は46,666円が限度となります。一括償却資産の適用を受ける場合は，確定申告書等に別表十六(八)「一括償却資産の損金算入に関する明細書」の添付が要件とされています。

　なお，青色申告を提出する中小企業者等が平成18年４月１日から平成30年３月31日までに30万未満の減価償却資産を取得した場合に損金経理を要件に取得価額の一括損金処理が認められています（措法67の５）。この特例の適用を受ける場合には，別表十六(七)「少額減価償却資産の取得価額の損金算入の特例に関する明細書」の添付が要件とされ

ています。

　また，いずれのソフトウェアについても，減価償却資産として通常の償却方法によることができます。

3−2 ソフトウェア購入に係る「通常取引される単位」の判定

当社では事務効率化のため、今般、新たなソフトウェアを購入しました。購入先とのライセンス契約ではすべてのパソコン（250台）に、このソフトウェアをインストールすることが条件となっていますが、費用は総額で1,000万円となっています。

この場合、各パソコンにインストールしたソフトウェアは、1台当たり4万円となることから、少額減価償却資産として全額当期の費用として計上したいと考えていますが、税務上、問題点はありますか。

ご質問のソフトウェアは少額減価償却資産として、全額当期の費用として経理することができます。

解説

ソフトウェアは、減価償却資産の範囲に規定する無形固定資産に該当します（法令13八リ）。

法人税の取扱いにおいては、取得価額が10万円未満の少額のものについて、事業の用に供した事業年度において損金経理を条件に損金算入が認められています（法令133）。

この場合、その取得価額が10万円未満であるかどうかの判定については、以下に述べるように「通常取引される単位」で判定することと

されています（法基通7―1―11）。

「令第133条《少額の減価償却資産の取得価額の損金算入》又は令第133条の2《一括償却資産の損金算入》の規定を適用する場合において、取得価額が10万円未満又は20万円未満であるかどうかは、例えば、通常1単位として取引されるその単位，機械及び装置については1台又は1基ごとに、工具、器具及び備品については1個、1組又は1そろいごとに判定し、構築物のうち例えば枕木、電柱等単体では機能を発揮できないものについては一の工事ごとに判定する。」

上記の考え方をソフトウェアに当てはめてみますと、ご質問のようなライセンス契約にあっては、パソコン1台当たりのソフトウェアの取得価額で判断するのが相当と思われます。

すなわち、パソコン1台につき1本のソフトウェアがインストールされると考えますと、総額の1,000万円を250台のパソコンで除した4万円が取得価額となりますので、損金経理を条件に全額当期の費用として経理することが認められます。

なお、取得価額が20万円未満の減価償却資産については、一括償却資産の損金算入（法令133の2）の規定の適用もできますが、少額の減価償却資産の取得価額の損金算入（法令133）を適用したものについては、その適用が認められませんので注意が必要です。

3－3　ソフトウェアの償却開始の時期

無形固定資産は，取得の日から償却できるそうですが，ソフトウェアも無形固定資産とされたわけですから，取得の日から償却することとして差し支えないのでしょうか。

ソフトウェアの償却開始の時期は，事業の用に供した時からとなりますから，取得の日から償却費の計上はできません。

解説

　税法上，減価償却資産に該当する固定資産であっても，現に事業の用に供されていないものについては，減価償却費の計上は認められません（法令13）。

　これは，有形固定資産だけでなく，無形固定資産についても同じこととなります。

　しかし，無形固定資産の中には漁業権や工業所有権のように法令によりその存続期間が定められているものがあり，これらについてはたとえ事業の用に供されていないとしても時の経過により減価し，期間の満了とともに権利価値が消滅するものですから，存続期間による償却が認められるのが合理的と考えられます。

　したがって，無形固定資産のうち漁業権及び工業所有権については，取得の日から事業の用に供したものとすることができます（法基通7－1－6）。

ご質問のソフトウェアについては，平成12年度の税制改正により無形固定資産として資産計上することとなりましたが，ソフトウェアについては，漁業権や工業所有権のように法令によってその存続期間が定められているものではありません。

したがって，取得の日を事業の用に供した日とする取扱いは適用できません。

原則どおり，償却開始の日は，当該ソフトウェアを事業の用に供した日から計算することとなります。

3-4 ソフトウェアの使用目的による耐用年数の区分

税制改正によりソフトウェアの耐用年数が、その使用目的により定められたそうですが、具体的には、どのようにされたのでしょうか。

ソフトウェアは無形固定資産となります。
また、ソフトウェアの耐用年数は、
「複写して販売するための原本」……………3年
「その他のもの」………………………………5年
開発研究用ソフトウェア………………………3年
と定められています。

解説

従来、ソフトウェアについては、繰延資産に該当するものとされており、その取得形態別に区分した上で、購入又は外部委託により取得したものを資産計上し、5年で均等償却することとされていました。

既に述べたように、平成12年度の税制改正によって、ソフトウェアは減価償却資産である無形固定資産に変更されました（法令13⑧リ）。

この改正により、ソフトウェアは一般の減価償却資産の各規定が適用されることとなりますから、従来のようにソフトウェアをその取得形態の別によって区分することなく、その取得に要した費用を原則的に資産計上して、他の減価償却資産と同様に、その利用目的に応じて償却することとなりました。

このため，ソフトウェアについての耐用年数がその利用目的に応じ，次のように定められました。

《減価償却資産の耐用年数等に関する省令》

別表第三　無形減価償却資産の耐用年数表

種　類	細　目	耐用年数
ソフトウェア	複写して販売するための原本 その他のもの	3年 5年

別表第六　開発研究用減価償却資産の耐用年数表

種　類	細　目	耐用年数
ソフトウェア		3年

別表第九　平成19年3月31日以前に取得をされた減価償却資産の残存割合表

種　類	細　目	残存割合
別表第三に掲げる無形減価償却資産，別表第六に掲げるソフトウェア並びに鉱業権及び坑道		0

したがって，ソフトウェアについては，無形減価償却資産又は開発研究用減価償却資産に区分し，それぞれの耐用年数により，「定額法」又は「旧定額法」により計算することとなります。

3－5　自社で使用するソフトウェアの耐用年数

ソフトウェアが繰延資産から無形固定資産に変更されたそうですが，自社で使用する業務用ソフトの耐用年数は何年となるのでしょうか。

購入又は委託開発により取得したソフトウェア及び自社開発によるソフトウェアのいずれであっても，自社使用のソフトウェアの耐用年数は，5年となります。

解説

ソフトウェアについては無形固定資産（法令13⑧リ）として法定耐用年数の定めがなされていますから，過去の取扱いのようにソフトウェアの取得形態によってその費用の処理方法を区分することなく，その取得に要した費用（事業の用に供するための費用を含みます。）の額を原則的に資産計上して，他の減価償却資産と同様にその利用目的に応じて償却することとなります。

つまり，購入又は外注製作，自社製作にかかわらず，その取得に要した費用（事業の用に供するための費用を含みます。）の額を無形固定資産として資産計上し，定められた耐用年数により減価償却することとなります。

なお，自社使用のソフトウェアの耐用年数は，複写して販売するための原本とされるものや開発研究用のものであれば3年となり，それ以外のものは5年とされています。

ご質問のソフトウェアについては，業務用ソフトということですから，耐用年数は「その他のもの」の5年が適用されます。
　もっとも，開発研究用のものとして使用されている場合の耐用年数は3年となります。
(耐令別表第三，六，九)

3－6　開発研究用ソフトウェアの耐用年数

ソフトウェアが繰延資産から無形固定資産に変更されたそうですが，自社の研究所で使用する開発研究用のソフトウェアの耐用年数は，どのようになるのでしょうか。

開発研究用ソフトウェアの耐用年数は，3年とされています。

/解説/

　ソフトウェアについては無形固定資産として法定耐用年数の定めがなされていますから，過去の取扱いのようにソフトウェアの取得形態によってその費用の処理方法を区分することなく，つまり，購入又は外注製作，自社製作の区分にかかわらず，その取得に要した費用（事業の用に供するための費用を含みます。）の額を無形固定資産として資産計上し，定められた耐用年数により減価償却することとなります。

　なお，開発研究用のソフトウェアの耐用年数は，3年とされています。

別表第六　開発研究用減価償却資産の耐用年数表

種　　類	細　　目	耐用年数
ソフトウェア		3年

　開発研究用減価償却資産における「開発研究」とは，新たな製品の製造若しくは新たな技術の発明又は現に企業化されている技術の著しい改善を目的として特別に行われる試験研究とされており（耐令2二），具体的には次に掲げる試験研究をいうものとされています（耐通2—10—1）。

(1)　新規原理の発見又は新規製品の発明のための研究

(2)　新規製品の製造，製造工程の創設又は未利用資源の活用方法の研究

(3)　(1)又は(2)の研究を基礎とし，これらの研究の成果を企業化するためのデータの収集

(4)　現に企業化されている製造方法その他の生産技術の著しい改善のための研究

以上からすると，現在生産している製品の改良のための通常研究や他社が開発した製造工程等の研究等は含まれません。

　なお，開発研究用減価償却資産については，開発研究の促進及び開発研究のリスク等を考慮して通常の減価償却資産に比し，短く定めた耐用年数とされています。

3－7　製造業務用ソフトウェアを開発研究用に転用した場合

当社は，工場において製造業務で使用していたソフトウェアを自社研究所において開発研究用に使用することとしましたが，このような場合の税務上の取扱いはどのようになるのでしょうか。

開発研究用に転用した場合は，転用後の耐用年数により償却計算することとなります。

なお，事業年度の途中で転用した場合は，転用した事業年度の期首から転用後の耐用年数によることができます。

解説

開発研究用減価償却資産に含まれるソフトウェアの耐用年数は，3年とされています。

開発研究用減価償却資産には，開発研究の用に供するため新たに取得された減価償却資産のほか，従来から有していた減価償却資産で他の用途から開発研究の用に転用されたものも含まれることとされています（耐通2―10―3）。

もっとも，一時的に開発研究用に使用する場合は認められていませんから，転用時において転用後相当の期間にわたり開発研究のために専用されることが予定されていることが必要です。

なお，転用資産の償却費の計算については，転用資産の全部につい

て，転用した日の属する事業年度開始の日から転用後の耐用年数により償却限度額を計算したときは，これを認めることとされています（法基通7—4—2）。

　ご質問の場合も，自社使用ソフトウェアを開発研究用に転用したものですから，転用後の耐用年数である3年で償却計算することができます。

　また，期中において転用した場合であっても，期首から開発研究用の耐用年数によることができます。

3－8　業務用ソフトウェアを2か月間だけ開発研究用に使用した場合

当社は，工場で使用している管理ソフトを一時的に2か月だけ研究所において開発研究用に使用しました。

この場合，この使用期間に係る部分について開発研究用減価償却資産として3年で償却計算することができるでしょうか。

開発研究のために一時的に使用されるものは，開発研究用減価償却資産に含まれません。

無形固定資産のソフトウェアで，その他のもの「5年」が適用される耐用年数となります。

/解説/

開発研究用減価償却資産に含まれるソフトウェアの耐用年数は，3年とされています。

無形固定資産であるソフトウェア（複写して販売するための原本以外のもの）の耐用年数5年に比較して短く定められていますが，これは，開発研究の促進及び開発研究のリスクを考慮した特例的な耐用年数であるといえます。

この開発研究用減価償却資産とは，主として開発研究のために使用されている減価償却資産をいいますから，他の目的のために使用されている減価償却資産で必要に応じ開発研究の用に供されるものは，含

まれないこととされています（耐通2—10—2）。

　ご質問の場合も，一時的に開発研究用に使用したにすぎないことから，開発研究用減価償却資産としての耐用年数の適用はできないこととなります。

　なお，ご質問とは逆に，開発研究用のソフトウェアを臨時的に他の目的のために使用されることがあっても，この場合は開発研究用減価償却資産としての耐用年数が適用できることとなります。

3-9 LAN設備に含まれるソフトウェアの耐用年数

当社は事務所移転に伴い新しくLAN設備を構築し，事業の用に供しました。LAN設備の中にはソフトウェアも含まれていますがどのように処理するのでしょうか。

平成13年4月1日以後に開始する事業年度以後において取得したLAN設備については，LAN設備を構成する個々の資産ごとに耐用年数を適用することとなります。

LAN設備に含まれるソフトウェアについても「無形固定資産」「ソフトウェア」「その他のもの」として5年を適用します。

解説

平成13年4月1日以後に開始した事業年度に取得したLAN設備については，個々の減価償却資産について定められた耐用年数により償却計算を行うこととなります。なお，個々の資産ごとの耐用年数は次頁の表のとおりです。

個々の減価償却資産	耐用年数	「種類」「構造又は用途」「細目」
サーバー	5年	「器具及び備品」「事務機器及び通信機器」「電子計算機」「その他のもの」
ネットワークオペレーションシステム，アプリケーションソフト	5年	「無形減価償却資産」「ソフトウェア」「その他のもの」
ハブ，ルーター，リピーター，LANボード	10年	「器具及び備品」「事務機器及び通信機器」「電話設備その他の通信機器」「その他のもの」
端末機	4年	「器具及び備品」「事務機器及び通信機器」「電子計算機」「パーソナルコンピュータ（サーバー用のものを除く。）」
	5年	「その他のもの」
プリンター	5年	「器具及び備品」「事務機器及び通信機器」「その他の事務機器」
ツイストペアケーブル，同軸ケーブル	18年	「建物附属設備」「前掲のもの以外のもの及び前掲の区分によらないもの」「主として金属製のもの」
光ケーブル	10年	「建物附属設備」「前掲のもの以外のもの及び前掲の区分によらないもの」「その他のもの」

（注）ツイストペアケーブル，同軸ケーブル，光ケーブルについて，建物内に敷設され建物と一体不可分なものを除き単に各機器を接続するだけのものについてはその接続する機器の附属品としてその機器の耐用年数を適用して差し支えないこととされています。

《LAN設備の耐用年数の取扱いに関する経緯》

① 過去の取扱い

　従来，LAN設備（企業内情報通信網，ローカルエリアネットワーク）については，①LANは多機種のハードウェアとソフトウェアが融合してはじめて機能すること，②ハブ，ルーター等の接続，拡張装

置，ケーブル等の伝送装置等ＬＡＮの構成設備が単体では機能しないこと，③ＬＡＮ設備は企業の導入目的に応じて設計，調達等がなされ，更改時にはその全体が一括して除却されるもので更改時に再利用されることがないこと等から，ＬＡＮ設備全体を一つの減価償却資産として耐用年数６年で償却することとされていました（平成９年７月１日以後取得する設備について適用）。

② 旧耐通２―７―６の２（平成12年11月20日）の取扱い

ＬＡＮ設備を構成する個々の減価償却資産としては電子計算機，ソフトウェア，建物附属設備等があるので，原則として，それを構成する個々の減価償却資産ごとに耐用年数を適用して減価償却費の計算をすることとされました。なお，従来の取扱い（ＬＡＮ設備の全体を一括して６年償却）によることも認められることとされていました。また，ＬＡＮ設備の全体を一括償却（６年）していた場合において，一括償却をやめて，ＬＡＮ設備を構成する個々の器具備品等の耐用年数を適用することも認められることとされていました。ただし，ＬＡＮ設備を構成する個々の資産ごとに償却計算を行っている場合に，その後，ＬＡＮ設備として一括して償却することは認められていません。

③ 平成13年４月１日以後の取扱い

平成14年２月15日付「法人税基本通達等の一部改正について（法令解釈通達）」により，上記耐用年数通達２―７―６の２《ＬＡＮ設備の耐用年数》が廃止されました。廃止の理由は①旧通達の取扱いは，ＬＡＮ設備全体が同時に一括して取得，更新が行われることを前提としており，このためＬＡＮ設備全体を一つの減価償却資産として一つの耐用年数を適用するというものでしたが，技術革新等によって，現在は，大半のＬＡＮ設備については必ずしも同時に一括して取得及び

更新が行われず，既存の設備の拡張や機能向上に伴う一部設備の更新なども頻繁に行われる状況になったこと。②償却計算の簡便化という観点から，機械装置などの総合償却資産と同時に，ＬＡＮ設備全体を一つの耐用年数で償却したいといった実務上の要望があるものの，ＬＡＮ設備については，これを構成する個々の減価償却資産の内容も，その利用目的等に応じて多様化していること。③平成13年度の税制改正により，電子計算機の耐用年数について，改正前は6年であったものが，パーソナルコンピュータ（サーバー用のものを除きます。）については4年，その他のものについては5年に短縮されたため，ＬＡＮ設備全体を一つの耐用年数とすることについては，個々の法人の事情に応じてＬＡＮ設備の構成は区々であり，また，その主要な構成要素である電子計算機の耐用年数も2種類となったことから，一律に何年といった耐用年数を加重平均して計算すること自体が困難になったことがあげられています。

　この改正により，原則的には電子計算機の耐用年数が変更された平成13年4月1日以後に開始した事業年度に取得したＬＡＮ設備については，個々の減価償却資産について定められた耐用年数により償却計算を行うこととなりました。ただし，経過措置により，法人が従前から旧通達に基づきＬＡＮ設備全体を一つの減価償却資産として償却費の計算を行っている場合には，従前に取得したＬＡＮ設備について今後も引き続き耐用年数6年で償却計算をすることが認められています。

（経過的取扱い）
　法人が，平成13年4月1日以後に開始する事業年度において，同日前

に開始した事業年度に取得したＬＡＮ設備を構成する個々の減価償却資産について，この法令解釈通達による改正前の２―７―６の２《ＬＡＮ設備の耐用年数》の本文の取扱いの例により，引き続き当該取得したものの全体を一の減価償却資産として償却費の計算を行っている場合には，これを認める。

(注)　当該取得したものの全体を一の減価償却資産として償却費の計算を行っている場合において，その後の事業年度において，個々の減価償却資産ごとに償却費の計算を行う方法に変更する場合には，既に計上した償却費の額をその取得価額比等により個々の減価償却資産に合理的に配賦するものとする。　　　　　（平14課法２―１）

3−10 一つの設備としていたLAN設備を個々の資産として償却することへの変更

当社は，LAN設備について一括して6年の耐用年数により償却計算をしていますが，LAN設備については，個々の減価償却資産ごとに償却費の計算をすることとなったと聞きました。

LAN設備の中にはソフトウェアが含まれていますが，個々の減価償却資産ごとに償却費の計算を行う場合，既に計上した償却費やこれからの償却計算はどのように計算することとなるのでしょうか。

LAN設備の取得月日（事業供用）平成12年4月

取得価額　10,000,000円（サーバー1,000,000円，ソフトウェア4,000,000円，ハブ・ルーター1,000,000円，パソコン2,500,000円，プリンター1,000,000円，ケーブル等500,000円）

決算月3月，償却方法　定率法　6年　0.319

償却費計上額　　13年3月期　3,190,000円
　　　　　　　　14年3月期　2,172,390円
　　　　　　　　15年3月期　1,479,397円
　　　　　　　　16年3月期　1,007,470円
　　　　　　　　償却累計額　7,849,257円

17年3月期個々の資産で償却することに変更

平成13年4月1日以後に開始する事業年度において，同日前に開始した事業年度に取得したＬＡＮ設備について，ＬＡＮ設備全体を一つの減価償却資産として償却計算を行っている場合には，今後も引き続き耐用年数6年で償却費を計算することができることとされています。また，個々の減価償却資産ごとに償却費の計算を行う方法に変更することも認められていますが，この場合には，既に計上した償却費の額をその取得価額比等により個々の減価償却資産に合理的に配賦することとなります。

/解説/

　平成13年度の税制改正により，電子計算機の耐用年数がパソコン（サーバーを除く。）4年，その他のもの5年に短縮されたこと等により，ＬＡＮ設備については原則としてＬＡＮ設備を構成する個々の減価償却資産ごとに耐用年数を適用することとされました。

　したがって，旧耐用年数通達2―7―6の2《ＬＡＮ設備の耐用年数》の取扱いは廃止されました（平14課法2―1）。なお，経過措置により，法人が従前から旧通達に基づきＬＡＮ設備全体を一つの減価償却資産として償却計算を行っている場合には，今後も引き続き耐用年数6年で償却費を計算することが認められています。また，ＬＡＮ設備全体を一つの減価償却資産として償却費の計算を行っている場合において，その後の事業年度において個々の減価償却資産ごとに償却費の計算を行う方法に変更することも認められています。

〔質問の場合の償却費等の計算〕

LAN設備	取得価額	過去の償却費の配賦 (取得価額比による)	16年4月1日 の帳簿価額	17年3月期	
				耐用年数	償却費
サーバー	1,000,000円	784,926円	215,074円	5年	79,362円
ソフトウェア	4,000,000	3,139,703	860,297	5	430,148
ハブ・ルーター	1,000,000	784,926	215,074	10	44,305
パソコン	2,500,000	1,962,314	537,686	4	235,506
プリンター	1,000,000	784,926	215,074	5	79,362
ケーブル等	500,000	392,462	107,538	5	39,681
計	10,000,000	7,849,257	2,150,743		908,364

(注)1　耐用年数　10年　　定率法償却率　0.206
　　　　　　　　5年　　　　　　　　　　　0.369
　　　　　　　　4年　　　　　　　　　　　0.438

2　ケーブル等については、単に各機器を接続するものであり建物附属設備ではなく接続する機器の付属品と認められる。

3　ソフトウェアの未償却割合（860,297÷4,000,000）0.215（4年経過）であり法人税基本通達7－4－4(2)により耐用年数2年を適用している。

ソフトウェアについては、法人税基本通達7－4－4《定率法を定額法に変更した場合の償却限度額の計算》に準じて計算していますが、LAN設備について個々の減価償却資産として償却する方法への変更は、償却方法そのものの変更ではないことから取得時から定額法による償却計算があったものとして計算することも認められると考えます。

　　取得価額　　残存価額　　定額法償却率　　償却費
（4,000,000円 － 0円）× 0.2（5年）＝ 800,000円

3−11 分割払いのソフトウェアの償却開始の時期

　当社は，財務管理に係るソフトウェアの開発をＡ社に委託しました。

　その開発のための委託費用は1,200万円ですが，支払いは4回分割払いとしています。

　ソフトウェアの開発は，ステップごとに分かれており，その一部が完了する都度当社に納品されます。当社は，これについて試用を繰り返し，全部の納入時から直ちに対応できるようにしています。

　この場合，このソフトウェアはいつから償却できるのでしょうか。

　部分的に納入されたソフトウェアに対応する金額を合理的に算定して，部分的に納入され試用された時から償却を開始することが認められます。

/解説/

　開発委託により取得するソフトウェアは，その請負契約により目的物の全部の引渡しが完了し，事業の用に供したときから償却することが原則です。

　しかし，建設中の建物，機械及び装置等の資産は減価償却資産には該当しないのですが，建設仮勘定として表示されている場合であってもその完成した部分が事業の用に供されているときは，その部分は減

価償却資産に該当することとされています（法基通7―1―4）。

　ご質問の場合も，部分的に納入されたソフトウェアについて自社において現に試用を繰り返していますから，事業の用に供しているものと認められます。

　したがって，部分的に納入されたソフトウェアに対応する部分の金額を合理的に算定し，納入される都度償却を開始してよいこととなります。

3−12 100万円のソフトウェアを消耗品費として損金経理した場合

当社は3月決算の法人です。

決算にあたり経理処理の見直しをしたところ，期中において取得したソフトウェア100万円が消耗品費として処理されていました。

この場合，確定申告において申告調整する場合と税務調査において修正する場合の違いはあるのでしょうか。

申告調整による場合は，当期の償却限度額を超える金額を加算することとなりますが，税務調査による修正の場合は，取得価額全額100万円が資産計上もれとして所得加算されます。

/解説/

法人税法上，減価償却資産に係る償却費の損金算入については，確定決算において償却費として損金経理した金額のうち，償却限度額に達するまでの金額とされています。

したがって，これからすると法人が償却費以外の科目で費用計上した場合は，減価償却したものとは認められないということとなります。

このように，厳密に考えると種々実情に即さないことから，①減価償却資産の取得価額に算入すべき付随費用の額のうち，原価外処理した金額，②減価償却資産について圧縮限度額を超えてその帳簿価額を

減額した場合のその超える部分の金額，③減価償却資産について支出した金額で修繕費として経理した金額のうち，資本的支出として損金の額に算入されなかった金額，④無償又は低い金額で取得した減価償却資産につき，その取得価額として法人の経理した金額が税法上の取得価額に満たない場合のその満たない金額，⑤減価償却資産について計上した除却損又は評価損の金額のうち，その損金の額に算入されなかった金額，⑥少額な減価償却資産（おおむね60万円以下）又は耐用年数が3年以下の減価償却資産の取得価額を消耗品費等として損金経理した場合のその損金経理をした金額，⑦ソフトウェアの取得価額に算入すべき金額を研究開発費として損金経理をした場合のその損金経理をした金額については，税務上，減価償却をしたものとして取り扱うこととしています（法基通7－5－1）。

　また，法人が減価償却資産の取得価額の全部又は一部を資産に計上しないで損金経理をした場合において，これらの資産を事業の用に供した事業年度の確定申告書又は修正申告書（更正等を予知されたものを除きます。）に減価償却に関する明細書を添付して申告調整しているときは，償却費として損金経理したものとして取り扱うこととされています（法基通7－5－2）。

　ご質問の場合は，資産計上することとなるソフトウェア100万円を消耗品費として損金経理したものですから，確定申告書において減価償却に関する明細書を添付して申告調整したときは，その処理が認められます。

〈償却期間6か月とした場合〉

〈別表四〉

所得の金額の計算に関する明細書（簡易様式）

区　分		総　額 ①	処　分	
			留　保 ②	社外流出 ③
当期利益又は当期欠損の額	1	円	円	配当　　　　　　円
				その他
加算	損金経理をした法人税、地方法人税及び復興特別法人税(附帯税を除く。)	2		
	損金経理をした道府県民税(利子割額を除く。)及び市町村民税	3		
	損金経理をした道府県民税利子割額	4		
	損金経理をした納税充当金	5		
	損金経理をした附帯税(利子税を除く。)、加算金、延滞金(延納分を除く。)及び過怠税	6			その他
	減価償却の償却超過額	7	900,000	900,000	
	役員給与の損金不算入額	8			その他
	交際費等の損金不算入額	9			その他
		10			
	小　計	11			

〈別表五(一)〉

利益積立金額及び資本金等の額の計算に関する明細書

I　利益積立金額の計算に関する明細書

区　分		期首現在利益積立金額 ①	当期の増減		差引翌期首現在利益積立金額 ①-②+③ ④
			減 ②	増 ③	
利益準備金	1	円	円	円	円
積立金	2				
減価償却超過額	3			900,000	900,000
	4				
	5				
	6				
	7				
	8				

〈別表十六(一)〉

① 旧定額法又は定額法による減価償却資産の償却額の計算に関する明細書

資産区分	項目	番号	値				
	種類	1	無形固定資産				
	構造	2					
	細目	3	ソフトウェア				
	取得年月日	4	平○・○・○				
	事業の用に供した年月	5	○年○月				
	耐用年数	6	5 年	年	年	年	年
取得価額	取得価額又は製作価額	7	外 1,000,000 円	外 円	外 円	外 円	外 円
	圧縮記帳による積立金計上額	8					
	差引取得価額 (7)-(8)	9	1,000,000				
帳簿価額	償却計算の対象となる期末現在の帳簿記載金額	10					
	期末現在の積立金の額	11					
	積立金の期中取崩額	12					
	差引帳簿記載金額 (10)-(11)-(12)	13	外△	外△	外△	外△	外△
	損金に計上した当期償却額	14	1,000,000				
	前期から繰り越した償却超過額	15	外	外	外	外	外
	計 (13)+(14)+(15)	16					
平成19年3月31日以前取得分の当期分の普通償却限度額等	残存価額	17					
	差引取得価額×5% (9)×5/100	18					
	旧定額法の償却額計算の基礎となる金額 (9)-(17)	19					
	旧定額法の償却率	20					
	(16)>(18)の場合 算出償却額 (19)×(20)	21	円	円	円	円	円
	増加償却額 (21)×割増率	22	( )	( )	( )	( )	( )
	計 (21)+(22)又は(16)-(18)	23					
	(16)≦(18)の場合 算出償却額 ((18)-1円)×12/60	24					
平成19年4月1日以後取得分の当期分の普通償却限度額等	定額法の償却額計算の基礎となる金額 (9)	25	1,000,000				
	定額法の償却率	26	0.200				
	算出償却額 (25)×(26)	27	200,000×6/12 100,000 円	円	円	円	円
	増加償却額 (27)×割増率	28	( )	( )	( )	( )	( )
	計 (27)+(28)	29	100,000				
	当期分の普通償却限度額等 (23)、(24)又は(29)	30	100,000				
当期分の償却限度額	租税特別措置法適用条項	31	(条 項)	(条 項)	(条 項)	(条 項)	(条 項)
	特別償却限度額	32	外 円	外 円	外 円	外 円	外 円
	前期から繰り越した特別償却不足額又は合併等特別償却不足額	33					
	計 (30)+(32)+(33)	34	100,000				
	当期償却額	35	1,000,000				
差引	償却不足額 (34)-(35)	36					
	償却超過額 (35)-(34)	37	900,000				
償却超過額	前期からの繰越額	38	外	外	外	外	外
当期損金認容額	償却不足によるもの	39					
	積立金取崩しによるもの	40					
	差引合計翌期への繰越額 (37)+(38)-(39)-(40)	41	900,000				
	翌期に繰り越すべき特別償却不足額 ((36)-(39))と((32)+(33))のうち少ない金額	42					

第3章 ソフトウェアと減価償却　　135

　一方，税務調査により指摘され修正する場合は，当該ソフトウェアの取得価額が100万円であり，その耐用年数は5年となりますから，上記の少額な減価償却資産又は耐用年数が3年以下の減価償却資産の取得価額を消耗品費等として損金経理した場合には該当しませんから，その取得価額の全額が資産計上もれとして所得加算されます。

〈別表四〉

所得の金額の計算に関する明細書（簡易様式）

区　分		総　額 ①	処　　　分	
			留　保 ②	社外流出 ③
	当期利益又は当期欠損の額	1	円	円	配当　円
					その他
加	損金経理をした法人税，地方法人税及び復興特別法人税（附帯税を除く。）	2			
	損金経理をした道府県民税（利子割額を除く。）及び市町村民税	3			
	損金経理をした道府県民税利子割額	4			
	損金経理をした納税充当金	5			
	損金経理をした附帯税（利子税を除く。），加算金，延滞金（延納分を除く。）及び過怠税	6			その他
	減価償却の償却超過額	7			
	役員給与の損金不算入額	8			その他
	交際費等の損金不算入額	9			その他
	無形固定資産計上もれ	10	1,000,000	1,000,000	
算					

〈別表五(一)〉

利益積立金額及び資本金等の額の計算に関する明細書

I　利益積立金額の計算に関する明細書

区　分		期首現在利益積立金額 ①	当期の増減		差引翌期首現在利益積立金額 ①-②+③ ④
			減 ②	増 ③	
利益準備金	1	円	円	円	円
積立金	2			1,000,000	1,000,000
無形固定資産	3				
	4				
	5				
	6				

3-13 ソフトウェアの付随費用を一時の損金とした場合

当社は，ソフトウェアを購入し事業の用に供していますが，取得の際，取得価額に含めるべき付随費用25万円が雑費として処理されていました。

ソフトウェアの本体の取得価額は200万円で，当期の期首において取得したものです。

決算において，特に取得価額の修正は行っていませんが，申告書作成においてはどのようにするのでしょうか。

付随費用25万円も償却費として経理したものとして償却限度額の計算をします。

解説

法人税法上，減価償却資産に係る償却費の損金算入については，確定決算において償却費として損金経理した金額のうち，償却限度額に達するまでの金額とされています。

しかし，法人が減価償却費以外の科目で損金経理した場合であっても，税務上，償却費として損金経理したものとして取り扱われるものとして次のようなものがあります（法基通7－5－1）。

(1) 減価償却資産の取得価額に算入すべき付随費用の額のうち，原価外処理した金額
(2) 減価償却資産について圧縮限度額を超えてその帳簿価額を減額した場合のその超える部分の金額

(3) 減価償却資産について支出した金額で修繕費として経理した金額のうち、資本的支出として損金の額に算入されなかった金額

(4) 無償又は低い金額で取得した減価償却資産につき、その取得価額として法人の経理した金額が税法上の取得価額に満たない場合のその満たない金額

(5) 減価償却資産について計上した除却損又は評価損の金額のうち、その損金の額に算入されなかった金額

(6) 少額な減価償却資産（おおむね60万円以下）又は耐用年数が3年以下の減価償却資産の取得価額を消耗品費等として損金経理した場合のその損金経理した金額

(7) ソフトウェアの取得価額に算入すべき金額を研究開発費として損金経理した場合のその損金経理した金額

ご質問の場合、上記(1)に該当することとなりますから、付随費用25万円は、償却費として損金経理したものとされます。

なお、本体について償却費を40万円計上していたとすると、税務上の償却費計上額は65万円となりますから、償却超過額は申告調整により所得加算することとなります。

〔償却限度額〕

$$(\underset{\langle 取得価額\rangle}{本体2,000,000円 + 付随費用250,000円}) \times 0.2 \times \frac{12}{12} = 450,000円$$

〔償却超過額〕

$$(\underset{\langle 償却費計上額\rangle}{減価償却費400,000円 + 雑費250,000円}) - \underset{償却限度額}{450,000円} = 200,000円$$

〈別表四〉

所得の金額の計算に関する明細書（簡易様式）

区　分		総　額①	処　分	
			留　保②	社外流出③
当期利益又は当期欠損の額	1	円	円	配当　　　円
				その他
加算	損金経理をした法人税、地方法人税及び復興特別法人税（附帯税を除く。）	2			
	損金経理をした道府県民税（利子割を除く。）及び市町村民税	3			
	損金経理をした道府県民税利子割額	4			
	損金経理をした納税充当金	5			
	損金経理をした附帯税（利子税を除く。）、加算金、延滞金（延納分を除く。）及び過怠税	6			その他
	減価償却の償却超過額	7	200,000	200,000	
	役員給与の損金不算入額	8			その他
	交際費等の損金不算入額	9			その他
		10			

〈別表五(一)〉

利益積立金額及び資本金等の額の計算に関する明細書

I　利益積立金額の計算に関する明細書

区　分		期首現在利益積立金額①	当期の増減		差引翌期首現在利益積立金額①−②+③④
			減②	増③	
利　益　準　備　金	1	円	円	円	円
積　立　金	2				
減価償却超過額	3			200,000	200,000
	4				
	5				
	6				
	7				

第3章 ソフトウェアと減価償却

〈別表十六㈠〉

① 旧定額法又は定額法による減価償却資産の償却額の計算に関する明細書

資産区分	種類	1	無形固定資産				
	構造	2					
	細目	3	ソフトウェア				
	取得年月日	4	平○・○・○	・・	・・	・・	・・
	事業の用に供した年月	5	○年○月				
	耐用年数	6	5年	年	年	年	年
取得価額	取得価額又は製作価額	7	外 2,250,000円	外 円	外 円	外 円	外 円
	圧縮記帳による積立金計上額	8					
	差引取得価額(7)−(8)	9	2,250,000				
帳簿価額	償却額計算の対象となる期末現在の帳簿記載金額	10	1,600,000				
	期末現在の積立金の額	11					
	積立金の期中取崩額	12					
	差引帳簿記載金額(10)−(11)−(12)	13	外△ 1,600,000	外△	外△	外△	外△
	損金に計上した当期償却額	14	650,000				
	前期から繰り越した償却超過額	15	外	外	外	外	外
	計(13)+(14)+(15)	16	2,250,000				
当期分の普通償却限度額等	平成19年3月31日以前取得分	残存価額	17					
		差引取得価額×5%(9)×5/100	18					
		旧定額法の償却額計算の基礎となる金額	19					
		旧定額法の償却率	20					
		(16)>(18)の場合 算出償却額(19)×(20)	21	円	円	円	円	円
		増加償却額(21)×割増率	22	( )	( )	( )	( )	( )
		計((21)+(22))又は((16)−(18))	23					
		(16)≦(18)の場合 算出償却額((18)−1円)×1/60	24					
	平成19年4月1日以後取得分	定額法の償却額計算の基礎となる金額(9)	25	2,250,000				
		定額法の償却率	26	0.200				
		算出償却額(25)×(26)	27	450,000円	円	円	円	円
		増加償却額(27)×割増率	28	( )	( )	( )	( )	( )
		計(27)+(28)	29	450,000				
	当期分の普通償却限度額等(23)、(24)又は(29)	30	450,000				
当期分の償却限度額	特別償却又は割増償却の適用条項	31	(条 項)	(条 項)	(条 項)	(条 項)	(条 項)
	特別償却限度額	32	外 円	外 円	外 円	外 円	外 円
	前期から繰り越した特別償却不足額又は合併等特別償却不足額	33					
	計(30)+(32)+(33)	34	450,000				
差引	当期償却額	35	650,000				
	償却不足額(34)−(35)	36					
	償却超過額(35)−(34)	37	200,000				
償却超過額	前期からの繰越額	38	外	外	外	外	外
	当期損金認容額	償却不足によるもの	39					
		積立金取崩しによるもの	40					
	差引合計翌期への繰越額(37)+(38)−(39)−(40)	41	200,000				
特別	翌期に繰り越すべき特別償却不足額((36)−(39))と((32)+(33))のうち少ない金額	42					
	当期において切り捨てる特別償却不足額又は合併等特別償却不足額	43					

3-14 ソフトウェアの改修費（修繕費，資本的支出，新規取得の区分）

ソフトウェアの改修費には，さまざまな支出がありますが，修繕費又は資本的支出あるいは新規取得の区分はどのように考えるのでしょうか。

その改修が，新たなコンピュータプログラムの取得で，それが単体で機能するものはソフトウェアの新規取得となります。

そして，旧ソフトウェアの機能の拡大等のために支出したもので，旧ソフトウェアと一体として使用されるものは資本的支出となります。

また，その改修が，機能上の障害除去等の現状の効用維持であると認められる場合は修繕費となります。

／解説／

1 新規取得

ソフトウェアとは，コンピュータに一定の仕事を行わせるためのプログラム及びシステム仕様書，フローチャート等の関連文書をいうものとされています。

したがって，ソフトウェアの取得単位は，そのプログラムの利用単位で判断するのが相当と思われます。たとえば，いくつかのプログラムで構成されたソフトウェアに新たなプログラムを組み入れたような場合であっても，新たなプログラムが単体で機能する場合は新たなソ

フトウェアの取得とすることとなると考えられます。

また，既に有しているソフトウェア，購入したパッケージソフトウェア等の仕様を大幅に変更して，新たなソフトウェアを製作するための費用は，原則として取得価額とすることとされています（法基通7―8―6の2（注））。

税務上，建物の増築や増階，構築物の拡張や延長などの量的支出は当然に資産の取得とされていますが，ソフトウェアについては若干ニュアンスが異なると考えられます。

2　資本的支出

税務上，資本的支出とは，①その支出する金額のうち，その支出により，その資産の取得の時においてその資産につき通常の管理又は修理をするものとした場合に予測されるその資産の使用可能期間を延長させる部分に対応する金額，②その支出する金額のうち，その支出により，その資産の取得の時においてその資産につき通常の管理又は修理をするものとした場合に予測される，その支出の時におけるその資産の価値を増加させる部分に対応する金額とされており（法令132），端的にいうと，「資産の価値を高め，又はその耐久性を増すこととなる部分に対応する金額」とされています。

ソフトウェアの改良費についても，それが既存プログラムの改良に伴って処理機能の拡大である場合や新たなプログラムの追加であるが，その追加プログラムが単体では機能せず，旧ソフトウェアと一体で機能するものである場合には，資本的支出として処理することとなると考えられます。

3　修　繕　費

税務上，修繕費とは，固定資産の通常の維持管理のため，又は毀損

した固定資産につき，その原状を回復するために支出する金額とされています。ソフトウェアについても，その改修費用が既存のソフトウェアの維持管理費用又は原状回復費用と認められるときは，修繕費として一時の損金となります。

4　ソフトウェアに係る資本的支出と修繕費

法人が有するソフトウェアについて，プログラムの修正等を行った場合において，当該修正等がプログラムの機能上の障害の除去，現状の効用の維持等に該当するときは，その修正等に要した費用は修繕費に該当し，新たな機能の追加，機能の向上等に該当するときはその修正等に要した費用は，資本的支出に該当することとして取り扱われます（法基通7―8―6の2）。

なお，過去においてソフトウェアの修繕費等として認められた事例には，次のようなものがあります。

① 消費税率が3％から5％，5％から8％のように税制改正されたことに伴うプログラムの変更は，外部的要因に基づくものであり，プログラムの改良ではなくプログラムのメンテナンスと認められる。

② 郵便番号の7桁対応プログラムの修正も①と同様と考えられる。

③ 2000年対応プログラムの修正は，機能上の障害を除去し，現状の効用を維持するための費用であり，修繕費と認められる。

④ 平成16年4月からの消費税法改正（取得価額の総額表示）によるプログラムの修正（新たな機能の追加，機能の向上等に該当する部分は除かれます）。

3－15　自社使用ソフトウェアの改良費（資本的支出）

ソフトウェアの改良費用が資本的支出とされる場合には，その償却計算が変更されているとのことですが，どのような取扱いとなるのでしょうか。

法人の有するソフトウェアについて支出する資本的支出の金額は，そのソフトウェアと同様の新たなソフトウェアを取得したものとすることが原則とされます。

解説

　従来，資本的支出の金額はその支出の対象となった減価償却資産の取得価額に加算し，その資産について適用している耐用年数により償却することとされていました。

　しかしながら，平成19年度の法人税法の改正により，平成19年4月1日以後に資本的支出を行った場合には，その資本的支出の金額を取得価額として，その資本的支出の対象となった減価償却資産と種類及び耐用年数を同じくする減価償却資産を新たに取得したものとして処理することが原則とされました（法令55①）。

　ソフトウェアの改良費についても，その改良費がソフトウェアの新規取得になる場合や資本的支出になる場合には，改良費の支出の対象となったソフトウェアと同様のソフトウェアを取得したものとして処理することとなります。

《資本的支出の償却計算》

　支出額　100万円，支出日　平成X1年7月，3月決算

　　平成X2年3月期

　　　　$1,000,000 円 \times 0.2 \times 9/12 = 150,000 円$

　　平成X3年3月期〜平成X6年3月期

　　　　$1,000,000 円 \times 0.2 = 200,000 円$

　　平成X7年3月期

　　　　$1,000,000 円 \times 0.2 = 200,000 円$

　　　　ただし，償却累計額　950,000円　償却費　50,000円

3－16　平成19年3月31日以前に取得したソフトウェアの改良費

当社は，平成19年3月31日以前に取得し，事業の用に供しているソフトウェアについてA社に委託して改良することとなりました。

この改良費は，旧ソフトウェアのプログラムの一部を改変しバージョンアップするものですが，このプログラムは単体では機能せず，旧ソフトウェアと一体として使用することとなります。

この場合，この改良費はどのように処理するのでしょうか。

資本的支出の金額は原則として新たなソフトウェアの取得として処理することとなりますが，平成19年3月31日以前に取得したソフトウェアに対する資本的支出の金額は従来の取扱いと同様に，その資本的支出の対象となったソフトウェアの取得価額に加算することができます。

/解説/

平成19年度の法人税法の改正により，平成19年4月1日以後に資本的支出を行った場合には，その資本的支出の金額を取得価額として，その資本的支出の対象となった減価償却資産と種類及び耐用年数を同じくする減価償却資産を新たに取得したものとして処理することが原

則とされました。

《資本的支出金額の原則的な償却計算》

　支出額　100万円，支出日（事業供用日）　平成X1年7月，3月決算
　旧ソフトウェアの取得価額　200万円，支出日　平成X0年4月

	旧ソフトウェアの償却費	資本的支出金額の償却費
平成X1年3月期	$2,000,000円 \times 0.2 \times \frac{12}{12}$ $=400,000円$	
平成X2年3月期 （資本的支出年度）	$2,000,000円 \times 0.2$ $=400,000円$	$1,000,000円 \times 0.2 \times \frac{9}{12}$ $=150,000円$
平成X3年3月期 〜 平成X5年3月期	$2,000,000円 \times 0.2$ $=400,000円$	$1,000,000円 \times 0.2$ $=200,000円$
平成X6年3月期	償却済 $\left(\begin{array}{c}平成X1年〜X5年\\400,000円 \times 5\\=2,000,000円\end{array}\right)$ 0円	$1,000,000円 \times 0.2$ $=200,000円$
平成X7年3月期	0円	$1,000,000円 \times 0.2$ $=200,000円$ （償却累計額　950,000円） 償却費　50,000円

　ただし，平成19年3月31日以前に取得した減価償却資産に対する資本的支出の金額については，その資本的支出を行った事業年度においてその資本的支出の対象となった減価償却資産の取得価額に加算することができることとされています。

　したがって，ソフトウェアの改良費が新たなソフトウェアの新規取得（旧ソフトウェアに新たなプログラムを組み入れた場合で新たなプ

ログラムが単体で機能するもの）と認められる場合はその支出額を一つのソフトウェアとして減価償却資産（無形固定資産）に計上することとなり，旧ソフトウェアとは区分して償却計算することとなりますが，ソフトウェアの改良費が旧ソフトウェアに対する資本的支出（旧プログラムの改良に伴って機能拡大する場合や新たなプログラムの追加であるが，その追加プログラムが単体では機能せず旧ソフトウェアと一体で機能するもの）である場合は，旧ソフトウェアの取得価額に加算することができることとなります。

《資本的支出の金額を取得価額に加算する場合の償却計算》

　支出額　100万円，支出日（事業供用日）　平成X1年7月，3月決算

　旧ソフトウェアの取得価額　200万円，支出日　平成X0年4月

　平成X2年3月期（X1年4月～X2年3月）

$$2,000,000円 \times 0.2 = 400,000円$$

$$1,000,000円 \times 0.2 \times 9/12 = 150,000円$$

　　　　　　償却費　550,000円

　平成X3年3月期～平成X5年3月期

$$3,000,000円 \times 0.2 = 600,000円$$

　平成X6年3月期

$$3,000,000円 \times 0.2 = 600,000円$$

　　　ただし，償却累計額　2,750,000円　償却費　250,000円

3－17　償却済みのソフトウェアについて資本的支出をした場合の償却限度額の計算

　減価償却資産（平成19年3月31日以前取得）として計上していたソフトウェアは既に償却済みとなっていますが，今でも事業の用に使用しています。このたび，プログラムの一部を改変し，その改良費100万円を支出しました。

　この改良費が資本的支出とされる場合の償却費は，どのように計算するのでしょうか。

　なお，当初のソフトウェアの取得費は500万円です。また，改良費の支出は期首となっています。

　償却費の計上額は100万円と計算することができます。

　5,000,000円×0.2＝1,000,000円

　　1,000,000円×0.2＝200,000円

　償却限度額　1,200,000円　償却費　1,000,000円

解説

　資本的支出を行った場合には，その資本的支出の金額を取得価額として，その資本的支出の対象となった減価償却資産と種類及び耐用年数を同じくする減価償却資産を新たに取得したものとして処理することが原則とされています。ただし，平成19年3月31日以前に取得した減価償却資産について資本的支出をした場合，その資本的支出の額は，減価償却資産の取得価額に加算することができることとされてい

ます。

　また，残存価額（5％）のある減価償却資産について，5％に達した減価償却資産に資本的支出をした場合には，その資本的支出をした後の取得価額及び帳簿価額を基礎として，再び減価償却を行うことができることとされています（法基通7―4―8）。

　これは，5％に達した資産といえども減価償却資産は減価償却資産であって，単に償却を中止させているにとどまるのであり，その後資本的支出を行って帳簿価額が取得価額の5％を超える状態になった場合には，その時以降は再び償却可能な状態に戻ったと理解されるからです。

　無形固定資産であるソフトウェアについても減価償却資産であり，償却計算においては残存価額が零とされているにすぎないものですから，改良費の支出額が資本的支出とされる限り，次のような償却費の計算が認められるものと思われます。

　　当初の取得価額　　5,000,000円
　　　償却額　　　　　5,000,000円×0.2＝1,000,000円
　　資本的支出　　　　1,000,000円×0.2＝200,000円
　　償却限度額　　　　1,200,000円
　　償却費（資本的支出額が限度となります。）　1,000,000円

　もっとも，ソフトウェアの改良費については，それが新規取得となるか資本的支出となるかは，実務上かなり難しいものと思料されますが，新規取得となる場合は，取得価額に加算する特例は認められず，新たな減価償却資産の取得として取り扱われることとなります。

3-18　コンピュータウイルスの除去作業費

当社のシステムにコンピュータウイルスが侵入したため，その被害復旧のための費用がかかりました。この費用は修繕費として処理してよいのでしょうか。

なお，今後のコンピュータウイルスの侵入を防ぐためウイルスワクチンソフトを利用したいと考えていますが，この費用も修繕費として処理できるでしょうか。

ウイルスによる被害復旧の費用は修繕費となります。

ただし，購入したワクチンソフトはソフトウェアの取得価額となります。

/解説/

ソフトウェアのプログラムの修正等を行った場合において，当該修正等がプログラムの機能上の障害の除去，現状の効用の維持等に該当するときはその修正等に要した費用は修繕費に該当し，新たな機能の追加，機能の向上等に該当するときはその修正等に要した費用は資本的支出に該当することとされています（法基通7―8―6の2）。

コンピュータウイルスによる被害復旧の費用は，機能上の障害を除去し現状に回復させる費用であり，新たな機能の追加，機能の向上等によってソフトウェアの価値を高めるものではありませんから修繕費として処理することとなります。

コンピュータウイルスの被害を未然に防止するため，いわゆるワク

チンソフトを取得しコンピュータにインストールする場合がありますが，ワクチンソフトがソフトウェアである以上，その取得費用は減価償却資産として資産計上することとなります。なお，複数のコンピュータにライセンス契約で取得する場合には，1台あたりの取得価額により，少額減価償却資産の判定等をすることとなります。

　また，ウイルス被害防止のため自社により新たなソフトウェアを製作した場合には，その制作費は資産計上することとなると考えられます。ウイルス防止ソフトウェアにより今後の侵入を防止し，よって将来の被害費用を削減する効果が認められると考えられます。

3-19 バグ取り費用

当社は，ゲームソフトを製作し販売しています。その製作段階においてバグ取り費用が相当額発生しています。バグ取り作業の発生は，最初の製品マスターの完成までとマスター完成後（販売決定後）の機能変更や機能強化によって発生することとなります。

なお，当社は開発担当が不足しているためマスター完成後販売する完成品マスターまでを外注委託する場合がありますがこれらのバグ取り費用はソフトウェアの取得価額に含めないこととして差し支えないでしょうか。

「最初に製品化された製品マスター」の完成までの段階で発生したバグ取り費用は研究開発費として費用処理ができます。

マスター完成後において発生するバグ取り費用も原則的には機能上の障害の除去，現状の効用の維持等の費用であり修繕費として処理できるものと思われます。

/ 解説 /

研究開発費の額については，自社利用ソフトウェアについて，その利用により将来の収益獲得又は費用の削減にならないことが明らかなものにかぎることとされていますが，販売目的ソフトウェアについてはその制限がありません。減価償却資産の取得価額は，適正な原価計算に基づき算定したものであればこれを認容することとされており（法令54②），税務上特段の定義がおかれていない研究開発費といった

費用の原価性の有無の判断は実務上困難であることから一つの割切りとして基本的には企業会計と同様に「最初に製品化された製品マスター」の完成までの費用は研究開発費としてソフトウェアの取得価額に含めないことができることとされています。したがって，「最初に製品化された製品マスター」までに生じたバグ取り費用についても研究開発費として費用処理ができることとなります。

また，製品マスター完成後において発生するバグ取り費用についても原則的には，機能上の障害の除去，現状の効用の維持等の費用であり修繕費と処理することができます（法基通7―8―6の2）。

ただし，「最初に製品化された製品マスター」を販売用完成マスターにするため外部委託した場合には，その委託費（バグ取りのみを委託した場合は除きます。）は取得価額に含めることになり，バグ取り部分を取り出して費用処理することはできないものと考えられます。

3-20 ソフトウェアの耐用年数の短縮とその手続き

ソフトウェアが減価償却資産とされましたが，他の減価償却資産と同じように耐用年数の短縮が認めてもらえるのでしょうか。

無形固定資産であるソフトウェアについても，条文上は，一定の条件のもとに耐用年数の短縮が認められます。

なお，耐用年数の短縮は，国税局長から耐用年数の短縮の承認を受けることが必要ですから，事前に税務署長に対して耐用年数の短縮の承認申請書を提出することが必要です。

/解説/

1 耐用年数の短縮が可能な場合

税法に定められている法定耐用年数は，標準的な資産を対象とし，通常の作業条件を基礎とした使用可能期間により定められていますから，法人の有する減価償却資産の材質が通常のものと異なる場合などにおいては，法人の償却費の配賦が実情にそぐわないこととなります。

そこで，法人の有する減価償却資産について，次のいずれかの事由により，その使用可能期間が法定耐用年数に比し，著しく短い（法定耐用年数のおおむね10％）こととなった場合には，国税局長の承認を受けて，その承認を受けた使用可能期間により償却計算をすることができるものとされています（法令57①）。

① その資産の材質又は製作方法がこれと種類及び構造を同じくする他の減価償却資産の通常の材質又は製作方法と著しく異なること
② その資産の存する地盤が隆起し又は沈下したこと
③ その資産が陳腐化したこと
④ その資産がその使用される場所の状況に起因して著しく腐食したこと
⑤ その資産が通常の修理又は手入れをしなかったことに起因して著しく損傷したこと
⑥ その他財務省令で定める事由（法規16）
　㈶　一つの法定耐用年数をもって償却限度額を計算すべき資産の構成が，その耐用年数を用いて償却限度額を計算すべき同一種類の通常の構成と著しく異なること
　㈺　その資産が機械及び装置である場合において，その資産の属する設備が耐用年数省令別表第二に特掲された設備以外のものであること
　㈦　その他①から⑥までに準ずる事由が生じたこと

2　耐用年数短縮の承認の手続き

　法人が，その有する減価償却資産について耐用年数の短縮承認を受けようとする場合は，所轄税務署長に耐用年数の短縮の承認申請書を提出しなければなりません。

　この申請書に基づいて国税局において検討の上，承認がなされれば承認の通知書が送付されますから，承認のあった日の属する事業年度から承認された耐用年数を適用することとなります。

　ご質問の場合，無形固定資産であるソフトウェアについて，耐用年

数の短縮が認められるかということですが，条文上は可能となりますが，上記の短縮が認められる事由からするとかなり難しいように思われます。

3−21 軽減税率導入などの時勢の変化に伴うシステム修正費用

　2016年6月，政府は，2017年4月からの消費税の引き上げを再延期し，2019年10月に改めて引き上げられることとなりましたが，今後，予定どおり消費税率が引き上げられ，これと同時に軽減税率が導入された場合，現在使用しているシステムの修正が必要になります。

　この費用は税率引き上げに伴うもので，新たな機能の追加等には当たらないため修繕費として認められるものと考えますが，税務上の取扱いについてご教示ください。

　　現在のソフトウェアの効用を維持するにとどまる修正については，修繕費として差し支えないものと考えますが，修正の内容により税務上の取扱いも違ってきますので，修正の内容を作業指図書等で明らかにしておくことはもちろん，社内においても統一した取扱いがなされるようソフトウェア等の修正に係るルールの策定も必要と考えます。

解説

　プログラムの修正等に係る法人税法の取扱いは，既に述べたとおり新たな機能の追加や機能の向上等に該当するときは，その修正等に要した費用は資本的支出に該当し（法基通7−8−6の2），また，既に有しているソフトウェア，購入したパッケージソフトウェア等の仕様

を大幅に変更して，新たなソフトウェアを製作するための費用は，原則として取得価額に該当することとされています（同基通（注））。

　ただ，実務上はどういったものが新たな機能の追加や機能の向上に該当するかその判断が難しいところですが，国税庁は平成28年5月6日付けでその判断の指針となる以下の取扱いを公表しています（筆者注：この取扱いは，消費税率引き上げの再延期が正式に発表される前の時点で公表されたものです。）。

> **参考**
>
> **消費税の軽減税率制度の導入に伴うシステム修正費用の取扱いについて**
> 【問】
> 　消費税法改正により，平成29年4月1日から消費税及び地方消費税の税率が8％から10％へ引き上げられ，この税率引上げと同時に消費税の軽減税率制度が導入されることから，軽減税率対象品目を扱うA社は，自社の固定資産であるPOSのレジシステムや商品の受発注システム，経理システムのプログラム修正を行う必要があり，当該修正を外部に委託することとしています。
> 　当該修正は，消費税法改正による軽減税率制度の導入に伴い，事業遂行上，消費税の複数税率に対応した商品の管理や納税額の計算をしなければならなくなったために，必要な修正を行うものであり，新たな機能の追加，機能の向上等には該当しないことから，当該修正に要する費用は修繕費（損金算入）として取り扱うこととして差し支えないでしょうか。
> 【答】
> 　各システムのプログラムの修正が，消費税法改正による軽減税率制度の導入に対してなされているものに限定されていることにつき，作業指図書等で明確にされている場合には，照会のとおりに取り扱って差し支えありません。

【解説】

　プログラムの修正が，ソフトウェアの機能の追加，機能の向上等に該当する場合には，その修正に要する費用は資本的支出として取り扱われることとなりますが，照会の各システムのプログラムの修正は，消費税法改正による軽減税率制度の導入に対して，現在使用しているソフトウェアの効用を維持するために行われるものであり，新たな機能の追加，機能の向上等には該当しないとのことですので，本事案における修正に要する費用は，修繕費に該当します。

　（注）プログラムの修正の中に，新たな機能の追加，機能の向上等に該当する部分が含まれている場合には，この部分に関しては資本的支出として取り扱うこととなります。

　上記の取扱いでは，軽減税率制度の導入に伴うもので，現在のソフトウェアの効用を維持するにとどまる修正については，修繕費として差し支えないこととされていますが，修正の内容により税務上の取扱いも違ってきますので，修正の内容を作業指図書等の文書で明らかにしておくことはもちろん，社内においても統一した取扱いがなされるようソフトウェア等の修正に係るルールの策定も必要と考えます。

3−22 リース資産に係る少額減価償却資産の適用の可否

当社では経営統合に伴う事務効率向上のため，先月パソコンをすべて入れ替えました。新たに導入したパソコンは250台で，リース会社との間で総額2,000万円，リース期間5年のリース契約を締結しています。

ところで，このリース取引については，売買取引として処理する予定ですが，この場合，パソコン1台当たり8万円となることから，少額減価償却資産として全額当期の費用として計上したいと考えています。

また，仮にこの特例が適用できない時は，一括償却資産として経理することは可能でしょうか。

リース資産については，少額減価償却資産としての損金算入及び一括償却資産としての損金算入のいずれも適用することはできません。

/解説/

1 リース資産と少額減価償却資産

リース取引の概要については既に問2−1−12で述べたとおりですが，ここではリース資産に係る少額減価償却資産の損金算入の適用について説明します。法人税法上，少額の減価償却資産の取得価額の損金算入については，次のとおり規定されています（法令133）。

「内国法人がその事業の用に供した減価償却資産（第48条第1項第

第3章　ソフトウェアと減価償却　　*161*

6号及び第48条の2第1項第6号に掲げるものを除く。）で，前条第1号に規定する使用可能期間が1年未満であるもの又は取得価額が10万円未満であるものを有する場合において，その内国法人が当該資産の当該取得価額に相当する金額につきその事業の用に供した日の属する事業年度において損金経理したときは，その損金経理した金額は，当該事業年度の所得の金額の計算上，損金の額に算入する。」（アンダーラインは筆者による）

　ご質問のパソコンは，1台当たり8万円ですので，この規定の適用があるようにも思えますが，減価償却資産のうち，除かれるものがアンダーラインの部分で示されており，リース資産がまさにこれに該当します。したがって，リース資産については，少額の減価償却資産の取得価額の損金算入の規定を適用することはできません。

2　リース資産と一括償却資産

　次にリース資産に係る一括償却資産の損金算入（法令133の2）の適用の可否について検討してみます。法人税法上，一括償却資産の損金算入については，次のとおり規定されています（法令133の2）。

　「内国法人が各事業年度において減価償却資産で取得価額が20万円未満であるもの（第48条第1項第6号及び第48条の2第1項第6号に掲げるもの及び前条の規定の適用を受けるものを除く。）を事業の用に供した場合において（略），各事業年度の所得の金額の計算上損金の額に算入する金額は，その内国法人が当該一括償却資産の全部又は一部につき損金経理した金額のうち，当該一括償却資産に係る一括償却対象額を36で除しこれに当該事業年度の月数を乗じて計算した金額（略）に達するまでの金額とする。」（アンダーラインは筆者による）

　ここでも，上記1と同じようにアンダーラインの部分で，リース資

産が除かれていますので，一括償却資産の損金算入の規定も適用できないことになります。

第4章

ソフトウェアの使用を止める場合

4-1　契約解除による違約金

当社は，業務管理ソフトウェアの購入契約をA社と締結していたところ，B社の業務管理ソフトウェアの方が当社の実情に合致し，効率的運用が図れることが明らかとなったため，B社から購入することとし，A社に対し契約解除に伴う違約金200万円を支払いました。

この場合の違約金200万円は，B社からのソフトウェアの取得価額に含めるのでしょうか。

A社に対する違約金200万円は，B社から取得するソフトウェアの取得価額に含めないことができます。

解説

例えば，甲資産を取得する契約をしていたが，その後，より良い乙資産が生じたため，甲資産の購入契約を解除したことによる違約金は，乙資産の取得のために生じたものであり，これを乙資産の取得価額に含めるべきではないかとの考え方があります。

しかしながら，甲資産の購入契約と乙資産の購入契約はそれぞれ別個のものであり，甲資産の購入契約解除に伴う違約金を常に乙資産の取得価額に含めることとするのは実情にそぐわないと認められます。

そこで，次に掲げるような費用は，たとえ固定資産の取得に関連して支出するものであっても，これを固定資産の取得価額には算入しないことができることとされています（法基通7—3—3の2）。

(1)　次に掲げるような租税公課等の額

　(イ)　不動産取得税又は自動車取得税

㈥　特別土地保有税のうち土地の取得に対して課されるもの
　㈧　新増設に係る事業所税
　㈜　登録免許税その他登記又は登記のために要する費用
⑵　建物の建設等のために行った調査，測量，設計，基礎工事等でその建設計画を変更したことにより不要となったものに係る費用の額
⑶　いったん締結した固定資産の取得に関する契約を解除して他の固定資産を取得することとした場合に支出する違約金の額

　ご質問の場合についても，A社との購入契約を解除してB社のソフトウェアを取得することとしたための違約金であり，B社から取得したソフトウェアの取得価額に含めないことができます。

4－2　一括償却資産としたソフトウェアを除却した場合

当社は，前期において取得したソフトウェア15万円を一括償却資産として処理しました。

ところが，当期においてよりよいソフトウェアが見つかったため，それを取得しました。このため，昨年購入したソフトウェアはまったく使用しないこととなったため，除却処理することとしました。

この場合，前期から繰り越した未償却残高を除却損として処理してよろしいでしょうか。

一括償却資産の適用を受けた場合は，たとえ除却した場合であっても，未償却残高を全額損金の額に算入することはできません。

/解説/

取得価額が20万円未満の減価償却資産について，通常の減価償却資産とするか一括償却資産とするかは法人の任意ですが，その選択は減価償却資産を事業の用に供した事業年度において行うこととなります。

また，事業の用に供した事業年度で一括償却の対象とした減価償却資産についての損金算入限度額は，その事業年度以後次の算式によって計算することとなります（法令133の２）。

$$\text{一括償却資産の取得価額の合計額} \times \frac{\text{当該事業年度の月数}}{36}$$

 ところで，一括償却資産の損金算入制度が創設された趣旨は，取得価額が20万円未満の減価償却資産が法人を個別管理することの事務負担を考慮したことによるものです。

 したがって，事業の用に供した事業年度で一括償却の対象とした資産について，その後の事業年度においてその全部又は一部につき滅失，除却等の事実があっても，損金算入額は上記の算式により機械的に計算することとなります（法基通7―1―13）。

 ご質問の場合は，未償却残額100,000円を損金に算入することはできません。あくまで，当期の償却限度額は50,000円となります。

$$150,000 円 \times \frac{12}{36} = 50,000 円$$

4−3　ソフトウェアの除却損

当社は，従来売上高管理についてのソフトウェアを使用していましたが，支店の増設や物流倉庫の新設を機に仕入れから販売，在庫管理の一括管理のためのソフトウェアを取得しました。このため，従来のソフトウェアは全く使用しないこととなりましたが，除却損の計上は認められるでしょうか。

従来のソフトウェアが全く使用されないこと及び新しいソフトウェアが旧ソフトウェアをもとに開発したものでない場合は，除却損の計上が認められます。

/解説/

　減価償却資産について，解撤，破砕，廃棄等がなされると，当然に帳簿価額について除却損として処理することとなります。また，解撤，破砕等がされなくとも，客観的にみて今後使用する見込みのない場合は，有姿除却として除却損の計上が認められることとされています（法基通7−7−2）。

　ソフトウェアの場合の除却損の計上は，ソフトウェアが機械本体のように物として実体がとらえにくいため廃棄の証拠資料の保存が難しいと思われますが，旧ソフトウェアが全く使用されないものである場合は，除却損の計上が認められると思われます。

　税務上においても，ソフトウェアにつき物理的な除却，廃棄，消滅等がない場合であっても，次に掲げるように当該ソフトウェアを今後事業の用に供しないことが明らかな事実があるときは，当該ソフト

ウェアの帳簿価額（処分見込価額がある場合には，これを控除した残額）を当該事実が生じた日の属する事業年度の損金の額に算入することができることとされています（法基通7－7－2の2）。

① 自社利用のソフトウェアについて，そのソフトウェアによるデータ処理の対象となる業務が廃止され，当該ソフトウェアを利用しなくなったことが明らかな場合又はハードウェアやオペレーティングシステムの変更等によって，他のソフトウェアを利用することになり，従来のソフトウェアを利用しなくなったことが明らかな場合

② 複写して販売するための原本となるソフトウェアについて，新製品の出現，バージョンアップ等により，今後，販売を行わないことが社内りん議書，販売流通業者への通知文書等で明らかな場合

ご質問の場合は，新ソフトウェアの取得により旧ソフトウェアを全く使用しないわけですから，除却損の計上は認められるでしょう。

ただし，新ソフトウェアが旧ソフトウェアをベースに開発されたものである場合や，ある一部のセクションにおいて利用することが予定されている場合などは除却損の計上は認められません。

4-4　別会社のソフトウェアに切り替えた場合の処理

当社では今般，甲社との経営統合に伴い，これまで使用していたA社製のシステムに代え，B社製のシステムを導入することとしました。

A社のシステムは数年前に導入したばかりで，帳簿残高も多額なものとなっていますが，他に転用することもできないので，除却処分とする方向です。ソフトウェアの除却と導入に関して，注意すべき点があればご教示ください。

A社製のソフトウェアについてはその利用をやめた時点から資産としての価値が失われることになりますので，除却損等の計上が認められます。

ソフトウェアの導入に関しては，会計と税務の取扱いが異なっていますが，B社製のソフトウェアを購入し，自社仕様に修正するようなケースでは，税務上はその作業費等はすべてソフトウェアの取得価額に算入することとなりますので，注意が必要です。

/解説/

1　ソフトウェアの除却に関する取扱い

(1)　会計上の取扱い

自社利用のソフトウェアを使用する見込みがなくなった場合，会計上は以下の処理が必要とされています。

> **規則**
>
> **研究開発費及びソフトウェアの会計処理に関するQ&A**
> **Q19**
> 　自社利用のソフトウェアは，利用可能期間にわたって償却することにより費用化されますが，利用可能期間の中途でも使用する見込みがなくなった場合には，機械装置等の固定資産と同様に，除却処理が行われます。
> 　機械装置等の固定資産は，設備の廃棄等によって客観的に除却を行ったことを確かめることができるのに対し，ソフトウェアの場合は無形の資産であることから，除却の事実を客観的に確認することが困難な場合があります。しかし，ソフトウェアの機能が陳腐化した等の理由で事業の用に供しないこととなった場合には，資産としての価値が失われたことになりますので，速やかに損失として計上することが必要です。

　この取扱いからすると，ご質問のようなケースにおいても，A社製のソフトウェアについてはその利用をやめた時点から資産としての価値が失われることになりますので，除却損等の計上が必要になります。

(2)　税務上の取扱い

　新たなソフトウェアの導入等に伴い，従来利用していたソフトウェアの記録媒体やシステム仕様書等の関連文書等について，物理的な除却等を行った場合には，除却処理が認められることは当然です。

　しかし，物理的な除却等を行わない場合でも，従前のように使用することが全くないか，あるいはあってもわずかな可能性しかない場合には，その実情に即して，除却処理を認めることが相当であるという考え方から，法人税基本通達においては以下のような取扱いが定められています（法基通7－7－2の2）。

172　第2編　実務処理の具体的検討——Q&A編

条文

法人税基本通達7－7－2の2《ソフトウェアの除却》
　ソフトウェアにつき物理的な除却，廃棄，消滅等がない場合であっても，次に掲げるように当該ソフトウェアを今後事業の用に供しないことが明らかな事実があるときは，当該ソフトウェアの帳簿価額（処分見込価額がある場合には，これを控除した残額）を当該事実が生じた日の属する事業年度の損金の額に算入することができる。
(1)　自社利用のソフトウェアについて，そのソフトウェアによるデータ処理の対象となる業務が廃止され，当該ソフトウェアを利用しなくなったことが明らかな場合，又はハードウェアやオペレーティングシステムの変更等によって他のソフトウェアを利用することになり，従来のソフトウェアを利用しなくなったことが明らかな場合
(2)　複写して販売するための原本となるソフトウェアについて，新製品の出現，バージョンアップ等により，今後，販売を行わないことが社内りん議書，販売流通業者への通知文書等で明らかな場合

　ご質問のケースは，上記通達の(1)に該当するものと考えますが，利用廃止の事実について，社内りん議書等の利用廃止の事実を客観的に説明できる資料を保存しておくことが重要です。

2　新たなソフトウェアの導入費用の取扱い

(1)　会計上の取扱い

　先に述べた実務指針では，ソフトウェアの導入費用について以下のように取り扱うこととされています。

　(イ)　購入したソフトウェアをそのまま導入する場合，例えばワープロソフトのようなビジネスソフトを購入するような場合には，導入費用は一般的にはほとんど発生しないと考えられる。

　　一方，外部から購入したパッケージソフトウェアに対して設定作業又は自社の仕様に合わせるための付随的な修正作業等の費用

は，購入したソフトウェアを使用するために不可欠な費用であり，有形固定資産の取得に要する付随費用と同様に，ソフトウェアの取得価額に含めるべきである（実務指針38）。

(ロ) 既存のパッケージソフトウェアの仕様を変更して自社の要望に合わせた新しいソフトウェアを製作する場合は，完成品のソフトウェアを購入したとは考えられず，むしろパッケージソフトウェアを部品として利用していると考える方が適切である。

したがって，パッケージソフトウェアの取得に要した費用は，仕様を変更した新しいソフトウェアの利用により将来の収益獲得又は費用削減が確実と認められる場合を除き，費用処理するのが適当である（実務指針39）。

(ハ) ソフトウェアを利用するための環境を整備し有効利用を図るための費用は，原則としてソフトウェアそのものの価値を高める性格の費用ではない。

したがって，その費用は原則として発生時の費用として処理することが適切である。なお，ソフトウェアを購入する際に，このような費用も含めた価額で契約等が締結されている場合には，導入費用は合理的な見積りによって購入の対価とそれ以外の費用とに区分して会計処理を行うことが適当と考えられる（実務指針40）。

(2) 税務上の取扱い

これに対し，法人税の取扱いでは，資産を取得するために要した費用は，原則として取得価額を構成します（法令54①）。ソフトウェアの取得についても，法人税基本通達において同様の取扱いが定められています。

すなわち、自己の製作に係るソフトウェアの取得価額については、令第54条第1項第2号の規定に基づき、当該ソフトウェアの製作のために要した原材料費、労務費及び経費の額並びに当該ソフトウェアを事業の用に供するために直接要した費用の額の合計額となります。

この場合、その取得価額については、適正な原価計算に基づき算定することとなりますが、法人が原価の集計、配賦等につき、合理的であると認められる方法により継続して計算している場合には、これを認めることとされています。

また、ソフトウェアを他の者から購入した場合には、そのソフトウェアの導入に当たって必要とされる設定作業及び自社の仕様に合わせるために行う付随的な修正作業等の費用の額は、当該ソフトウェアの取得価額に算入することとされています（法基通7―3―15の2（注））。

なお、①製作計画の変更等により、仕損じに係る費用、②将来の収益獲得又は費用削減にならないことが明らかな研究開発費の額、③製作等のために要した間接費、付随費用等で少額なもの（その製作原価のおおむね3％以内の金額）については、ソフトウェアの取得価額に算入しないことができることとされています（法基通7―3―15の3）。

上述のとおり、ソフトウェアの導入に関しては、会計と税務の取扱いが異なっています。ご質問からは、どのような形態で新しいソフトウェアを導入するのか不明ですが、仮にB社製のソフトウェアを購入し、自社仕様に修正するようなケースでは、税務上はその作業費等はすべてソフトウェアの取得価額に算入することとなりますので、注意が必要です。

4－5　ソフトウェアの開発中止と除却損

当社では来年度に向け，グループ企業向けの財務経理統合システムに係る新たなソフトウェア開発をA社と共同で行ってきましたが，今般，A社との間で重大な問題が生じ，結果的に開発を断念せざるを得ない状況となりました。

この開発には，相当量の時間と費用がかかっており，断念するには影響が大きすぎるのですが，当社の親会社の指示により，先月末をもって開発作業を一切中止しました。

当社では，この開発に係る支出について，製品マスター完成までの費用は研究開発費，それ以降の費用はソフトウェア仮勘定として資産計上していますが，開発を中止したことに伴い，ソフトウェア仮勘定残高について除却損の計上を考えています。税務上の取扱いと併せ，除却損計上の可否についてご教示ください。

ソフトウェアの機能が陳腐化した等の理由で事業の用に供しないこととなった場合には，資産としての価値が失われたことになるので，速やかに損失として計上することが必要となります。

税務上の取扱いにおいても，そのソフトウェアによるデータ処理の対象となる業務が廃止され，当該ソフトウェアを利用しなくなったことが明らかな場合等においては，当該ソフトウェアの帳簿価額を当該

事実が生じた日の属する事業年度の損金の額に算入することができることとされています。

解説

既に述べましたが，会計上，自社利用のソフトウェアについては，利用可能期間の中途でも使用する見込みがなくなった場合には，除却処理を行うこととされています。

すなわち，ソフトウェアの機能が陳腐化した等の理由で事業の用に供しないこととなった場合には，資産としての価値が失われたことになるので，速やかに損失として計上することが必要となります（Q&A Q19）。

また，税務上の取扱いにおいても，固定資産の有姿除却（法基通7－7－2）の考え方から，そのソフトウェアによるデータ処理の対象となる業務が廃止され，当該ソフトウェアを利用しなくなったことが明らかな場合や，システム変更等に伴い他のソフトウェアを利用することになり，従来のソフトウェアを利用しなくなったことが明らかな場合は，当該ソフトウェアの帳簿価額を当該事実が生じた日の属する事業年度の損金の額に算入することができるとされています（法基通7－7－2の2）。

条文

法人税基本通達7－7－2の2《ソフトウェアの除却》

ソフトウェアにつき，物理的な除却，廃棄，消滅等がない場合であっても，次に掲げるように当該ソフトウェアを今後事業の用に供しないことが明らかな事実があるときは，当該ソフトウェアの帳簿価額（処分見込価額がある場合には，これを控除した残額）を当該事実が生じた日の属する事業年度の損金の額に算入することができる。

> (1) 自社利用のソフトウェアについて，そのソフトウェアによるデータ処理の対象となる業務が廃止され，当該ソフトウェアを利用しなくなったことが明らかな場合，又はハードウェアやオペレーティングシステムの変更等によって他のソフトウェアを利用することになり，従来のソフトウェアを利用しなくなったことが明らかな場合
> (2) 複写して販売するための原本となるソフトウェアについて，新製品の出現，バージョンアップ等により，今後，販売を行わないことが社内りん議書，販売流通業者への通知文書等で明らかな場合

　ご質問のケースは，未だ利用に至らない開発中のソフトウェアとのことですが，開発を中止し，除却した場合には当然除却損の計上が必要になります。

　ただし，その新製品（財務経理統合システム）の開発は断念したが，他の製品等に転用できるということであれば，除却損の計上はできないことになります。ご質問からは，その点が明らかではありませんが，貴社の判断として活用の意思がなく，除却するということであれば，除却損の計上が認められます。

　なお，この場合，ソフトウェアは機械等の固定資産と違い，その特性から物理的に除却という事実を証明するのが難しい資産ですので，開発中止に至る経過（開発担当部署の開発記録文書等），開発中止に関する社内りん議書や役員会の議事録等を保存しておき，十分な説明ができるよう準備しておくことが必要です。

第5章

その他

5−1 ソフトウェアと中小企業者等が機械等を取得した場合の特別償却又は税額控除

ソフトウェアについても，中小企業者等が機械等を取得した場合の特別償却又は法人税額の特別控除の適用が認められるとのことですが，その制度は具体的にどのようになっているのでしょうか。

ソフトウェアについても，中小企業者等が機械等を取得した場合の特別償却又は法人税額の特別控除の適用となる機械等に含まれます。

解説

青色申告書を提出する中小企業者等又は特定中小企業者等が平成10年6月1日から平成29年3月31日までの期間内に新品の特定機械装置等の取得をして，これを当該中小企業者等が営む製造業，建設業その他一定の事業の用に供した場合には，その特定機械装置等に係る基準取得価額の30％の特別償却（特定中小企業者等については特別償却と7％の法人税額の特別控除の選択適用）を認めることとされています（措法42の6）。

なお，適用の対象となる特定機械装置等とは，次に掲げる減価償却資産をいいソフトウェアが含まれています。

第5章　その他　*181*

区　分	対　象　者	対　象　資　産	割　合
特別償却	中小企業者等〔中小企業者（資本金1億円以下（大法人の完全子会社を除く）の法人や従業員数が一定以下である等の要件を満たす法人）又は農業協同組合等〕	特定機械装置等 ① 機械及び装置（取得価額が160万円以上のもの） ② 事務処理の能率化等に資する一定の器具及び備品（取得価額が120万円以上のもの） ③ ソフトウェア（取得価額が70万円以上のもの）（注2） ④ 車両運搬具（貨物の運送の用に供される車両総重量3.5トン以上の普通自動車） ⑤ 船舶（内航運送業，内航船舶貸渡業の用に供されるもの）	基準取得価額の30％（注1）
取得等税額控除	特定中小企業者等〔中小企業者のうち資本金等の額が3,000万円以下の法人又は農業協同組合等〕		基準取得価額の7％

（注1）　基準取得価額とは①～④の資産については取得価額をいい，⑤の資産については取得価額の75％相当額をいいます。
（注2）　ソフトウェアは，電子計算機に対する指令であって一の結果を得ることができるよう組み合わされたもの（システム仕様書等を含む。）とされます（措令27の6①，措規20の3②）。
　　　なお，同一事業年度において，複数取得（少額減価償却資産の損金算入や一括償却資産の適用を受けたものは除く。）し，事業の用に供した場合，取得価額の合計額が70万円以上であれば適用できます（措規20の3⑥）。
　　　ただし，ソフトウェアのうち，複写して販売するための原本，開発研究用に使用されるもの，国際標準化機構及び国際電気標準会議の規格（ISO/IEC規格）15408に基づき評価及び認証をされたもの以外のサーバー用OS等はこの制度の適用外とされています（措令27の6①，措規20の3③）。

　なお，平成26年の税制改正により，特定機械装置等のうち特定生産性向上設備等に該当するものについては次の措置が追加されました（措法42の6②④～⑭）。

　この措置は，中小企業者等が，産業競争力強化法の施行の日（平成26年1月20日）から平成29年3月31日までの間に，特定生産性向上設

備等の取得又は製作をして，これを国内にあるその中小企業者等の営む指定事業の用に供した場合には，その指定事業の用に供した日を含む事業年度（平成26年4月1日以後に終了する事業年度に限ります。）において，その特定生産性向上設備等の取得価額から普通償却限度額を控除した金額に相当する金額の特別償却（即時償却）と税額控除限度額（その取得価額の7％（特定中小企業者等がその指定事業の用に供したその特定生産性向上設備等については，10％）相当額をいいます。）の税額控除との選択適用ができるというものです（措法42の6②④）。この税額控除における税額控除限度額は，その指定事業の用に供した日を含む事業年度の法人税額の20％相当額（特定機械装置等の基準取得価額の7％の税額控除により控除される金額がある場合には，その金額を控除した残額）を上限とすることとされています（措法42の6④）。

（注）　特定生産性向上設備等とは，生産性向上設備等（商品生産若しくは販売又は役務の提供の用に供する施設，設備，機器，装置又はプログラムであって，事業の生産性の向上に特に資する設備（産業競争力強化法2⑬））のうち，最低取得価額要件を満たすもので，具体的には次の(1)又は(2)となります。

(1)　先端設備……「機械装置」及び一定の「工具」「器具備品」「建物」「建物附属設備」「ソフトウェア」のうち，下記①～③の要件を全て満たすもの（サーバー及びソフトウェアについては中小企業者等が取得するものに限ります。）

①　最新モデル要件

②　生産性向上（年平均1％以上）要件

③　最低取得価額要件

(2) 生産ラインやオペレーションの改善に資する設備……投資計画に記載された投資目的を達成するために必要不可欠な「機械装置」「工具」「器具備品」「建物」「建物附属設備」「構築物」「ソフトウェア」のうち，下記①及び②の要件を全て満たすもの

① 投資利益向上（年平均15％以上（中小企業者は5％以上））要件

② 最低取得価額要件

5－2 ソフトウェアを取得した後に増資をした場合と中小企業者等が機械等を取得した場合の特別償却

当社は，事業年度の中途において1億円の増資を行い資本金2億円となりました。

増資の日の前にソフトウェアを100万円で取得し，事業の用に供していましたが，中小企業者等が機械等を取得した場合の特別償却の制度を適用することはできるのでしょうか。

事業年度の中途において増資を行ったこと等により中小企業者に該当しないこととなった場合であっても，その該当しないこととなった日前に取得等をして事業の用に供した特定機械装置等については，中小企業者等が機械等を取得した場合の特別償却の適用が認められます。

解説

中小企業者等が機械等を取得した場合の特別償却の制度は，中小企業者等に限って適用がありますが，事業年度の中途において中小企業者に該当しないこととなった場合の取扱いはどのようになるのかが問題となります。この点，措置法通達により，事業年度の中途において増資等を行ったこと等により中小企業者に該当しないこととなった日前に取得して事業の用に供した特定機械装置等については本制度の適用が認められています。

また，事業年度の中途において減資等により中小企業者に該当することとなった場合には，その該当することとなった日以後に事業の用に供した特定機械装置等についても本制度の適用が認められます。

> **条文**
>
> **租税特別措置法関連通達42の6―1《事業年度の中途において中小企業者に該当しなくなった場合等の適用》**
>
> 　法人が各事業年度の中途において措置法第42条の6第1項に規定する中小企業者等（以下「中小企業者等」という。）に該当しないこととなった場合においても、その該当しないこととなった日前に取得又は製作（以下「取得等」という。）をして同項に規定する事業（以下「指定事業」という。）の用に供した特定機械装置等（同項に規定する「特定機械装置等」をいう。以下42の6―9までにおいて同じ。）については同項の規定の適用があり、その該当しないこととなった日前に取得等をして指定事業の用に供した特定生産性向上設備等（同条第2項又は第8項に規定する「特定生産性向上設備等」をいう。）については同条第2項及び第8項の規定の適用があることに留意する。この場合において、措置法規則第20条の3第5項又は第6項に規定する取得価額の合計額がこれらの項に規定する金額（以下「取得価額基準額」という。）以上であるかどうかは、その中小企業者等に該当していた期間内に取得等をして指定事業の用に供していたものの取得価額の合計額によって判定することに留意する。
>
> (注)　法人が各事業年度の中途において特定中小企業者等（措置法第42条の6第7項に規定する「特定中小企業者等」をいう。以下同じ。）に該当しないこととなった場合の同項の規定の適用についても、同様とする。
>
> 　　　　　　　　　　　　（以下省略）

5-3 ソフトウェアの改良費と中小企業者等が機械等を取得した場合の特別償却又は税額控除

ソフトウェアについても中小企業者等が機械等を取得した場合の特別償却又は税額控除の制度を適用することができるそうですが,ソフトウェアの改良費(いわゆる資本的支出)についてはどのようになるのでしょうか。

ソフトウェアの改良費を支出した場合,その付加された機能等の内容からみて実質的に新たなソフトウェアを取得したことと同様である場合には中小企業者等が機械等を取得した場合の特別償却又は税額控除の制度の適用が認められます。

解説

中小企業者等が機械等を取得した場合の特別償却又は税額控除の制度においては,新たに取得したソフトウェアもその対象とされています。

ソフトウェアについて行う改良費用等には既存の機能の強化,拡充のものもあれば,実質的に新たなソフトウェアの取得と同様のものなども認められます。

税務上,法人が有するソフトウェアにつきプログラムの修正等を行った場合において,その修正等がプログラムの機能上の障害の除去,現状の効用の維持等に該当するときはその修正に要した費用の額は修繕費に該当し,新たな機能の追加,機能の向上等に該当するとき

はその修理等に要した費用は資本的支出に該当することとされています（法基通7－8－6の2）。

　ソフトウェアに対する資本的支出の金額は，従来の取扱いが既存のソフトウェアの取得価額に加算することされていることからすると新たな取得に該当しないこととなり，本制度の適用が受けられないとの懸念が生じます。

　もっとも，有形固定資産である建物についての増築，拡張等が資産の量的増加であり部分的取得とされており，無形固定資産であるソフトウェアについても同様の取扱いがなされるのが相当とされることから，措置法通達において本制度の適用対象となることが明らかにされています。

条文

租税特別措置法関係通達42の6－10の2《ソフトウェアの改良費用》

　法人が，その有するソフトウェアにつき新たな機能の追加，機能の向上等に該当するプログラムの修正，改良等のための費用を支出した場合において，その付加された機能等の内容からみて，実質的に新たなソフトウェアを取得したことと同様の状況にあるものと認められるときは，当該費用の額をソフトウェアの取得価額として措置法第42条の6第1項から第3項まで，第7項，第8項又は第10項の規定の適用があるものとする。

　なお，平成19年度の法人税法の改正により，平成19年4月1日以後に資本的支出を行った場合には，その資本的支出の金額を新たな減価償却資産として処理することとされ，特例として平成19年3月31日以前に取得した減価償却資産に対する資本的支出の金額について既存の

減価償却資産の取得価額に加算することができるものとされています。しかしながら，本制度の適用を受けた場合にはこの特例の適用はないものと考えられます。

　経済産業省において，ソフトウェアのバージョンアップ等が行われた場合，そのバージョンアップ費用がＩＴ投資促進税制の適用対象となるかどうかの判断基準や具体的事例を以下のようにホームページで公表しています。

> **規則**
>
> **ＩＴ投資促進税制におけるソフトウェア資本的支出の取り扱いについて**
> 〔趣旨〕
> 　税法上の資本的支出に該当するプログラムの修正等については，本税制に定める新たなソフトウェアの取得に該当し，減税の対象となるか必ずしも明確でない。したがって，ここにその方針となる考え方を示し，制度の円滑な運用の一助とするものである。
> 〔基本認識〕
> ①　ソフトウェアを新たに取得し，資産として計上した場合（いわゆる通常の取得）……原則として対象
> ②　資本的支出として資産計上した場合……その修正等の内容によって対象となるかを分類
> （以下略）

5－4　ソフトウェアについて税務上との差異による申告調整

当社は，販売用ソフトウェア（取得価額600万円，取得日は期首）について，会計監査の指摘もあり，販売見込数量により償却費（400万円）の計上をしました。

税務上は，この複写して販売するための原本としてのソフトウェアは3年で償却するそうですが，この場合の税務上の修正はどのようにするのでしょうか。

なお，当期の製造数は200本ですが，期末棚卸が50本あります。

会社が償却費として計上した400万円と税務上の償却限度額1,998,000円を超える2,002,000円が償却超過額として加算することになります。

/解説/

会計上，市場販売目的のソフトウェアの減価償却の方法は，ソフトウェアの性格に応じて，もっとも合理的と考えられる方法を採用すべきであるとし，合理的な償却方法としては見込販売数量に基づくほか，見込販売収益に基づく方法も認められるとされています。

一方，税務上は，複写して販売するための原本であるソフトウェアの法定耐用年数は3年とされています。

したがって，会計上のとおりの償却費の計上がされますと，税務上

は必然的に償却超過額が生じることとなります。

《税務上の償却限度額》

　　6,000,000円×0.333＝1,998,000円

《会社の償却費計上額》　　4,000,000円

　　差引償却超過額　　　2,002,000円

　したがって，償却超過額2,002,000円は，申告調整により所得に加算することとなります。

　税務上，複写して販売するための原本となるソフトウェアの償却費の額は，製品の製造原価に含めないことができることとされています（法基通5―1―4(6)）。

　このことは，税務上は，当該ソフトウェアの償却期間は3年とされていることから製造数量に関係なく計上される費用であること，また会計上の見込販売数量等による償却方法の場合であっても直接製造数量に応じているものとはいえないことから，当該ソフトウェアの償却費についてあえて製品の製造原価に含めなくともよいとされたものと思われます。

　もっとも，販売用ソフトウェアの商品寿命が極めて短いこと，自社利用ソフトウェア以外のソフトウェアの研究開発費は取得価額に含めないことができること等からしても，当該ソフトウェアの償却費を製造原価に含めないこととするのが相当と考えられます。

5－5　ソフトウェアの開発費と試験研究費の税額控除

当社は，ソフトウェアの企画開発・販売を行っています。

ソフトウェアの研究開発費について，租税特別措置法の試験権研究費の税額控除を受ける場合の留意点を教えてください。

取得価額に算入しないことができるソフトウェアの研究開発費は，基本的には税額控除の対象となる試験研究費に該当するものと考えられます。

/解説/

会計上，販売用ソフトウェアについて製品マスター（Ver0）完成時点までは研究開発活動とされ，期間費用（発生時の費用処理）とされています。

税務上もソフトウェアの制作過程における研究開発を否定するものではなく企業会計と同様に期間費用として処理することができることとされています（法基通7－3－15の3⑵）。

したがって，製品マスター完成時点までの費用のうち，製品の製造又は技術の改良若しくは発明に係る試験研究のために要する費用は税額控除の対象となります。現にソフトウェアが著作権とされていることからもソフトウェアの開発は「製品の製造又は技術の改良若しくは発明に係る試験研究に係る費用」に当たるものと考えられます。

ただし，自社利用ソフトウェアの研究開発費については，会計上はそのソフトウェアの利用により将来の収益獲得又は費用削減が確実と認められない場合又は確実であるかどうか不明である場合におけるそのソフトウェアの取得に要した費用は期間費用とする一方，税務上は，その利用により将来の収益獲得又は費用の削減にならないことが明らかなものに限りソフトウェアの取得価額に算入しないことができることとし，その範囲が異なっています。税額控除の対象となる試験研究費は費用処理したものが対象であり取得価額に算入したものは含まれませんので注意が必要です。

もっとも，会計上と税務上の範囲の違いが自社利用ソフトウェアの制作過程における研究開発活動を否定するものではなく，取得価額のとらえ方であると考えられますから，費用処理が認められる研究開発費の中の，製品の製造又は技術の改良若しくは発明に係る試験研究のために要する費用は税額控除の対象となります。

条文

租税特別措置法第42条の4第6項第1号《試験研究を行った場合の法人税額の特別控除》

　試験研究費　製品の製造又は技術の改良、考案若しくは発明に係る試験研究のために要する費用で政令で定めるものをいう。

租税特別措置法施行令第27条の4第2項《試験研究を行った場合の法人税額の特別控除》

　法第42条の4第6項第1号に規定する試験研究のために要する費用で政令で定めるものは、次に掲げる費用とする。

一　その試験研究を行うために要する原材料費、人件費（専門的知識をもつて当該試験研究の業務に専ら従事する者に係るものに限る。）及び経費

> 二 他の者に委託して試験研究を行う法人（人格のない社団等を含む。以下この章において同じ。）の当該試験研究のために当該委託を受けた者に対して支払う費用
> 三 技術研究組合法第9条第1項の規定により賦課される費用

なお，平成15年12月25日付で中小企業庁からの照会（「試験研究費税額控除制度における人件費に係る「専ら」要件の税務上の取扱いについて」平成15年12月19日付中庁第1号）に対する回答がされている。

> ＜参考＞
> 別紙1
>
> 　　　　　　　　　　　　　　　　　　　　　　　　　課法2－27
> 　　　　　　　　　　　　　　　　　　　　　　　　　課審5－25
> 　　　　　　　　　　　　　　　　　　　　　　　　平成15年12月25日
> 中小企業庁
> 　経営支援部長　西村　雅夫　殿
>
> 　　　　　　　　　　　　　　　　　　　　　国税庁課税部長
> 　　　　　　　　　　　　　　　　　　　　　　　　西江　章
> 　　　試験研究費税額控除制度における人件費に係る「専ら」要件の
> 　　　　　　　　　税務上の取扱いについて
> （平成15年12月19日付中庁第1号による照会に対する回答）
> 　標題のことについては，ご照会に係る事実関係を前提とする限り，貴見のとおりで差し支えありません。

> 別紙2
> 　　　　　　　　　　経済産業省
> 　　　　　　　　　　　　　　　　　　　平成15・12・19中庁第1号
> 　　　　　　　　　　　　　　　　　　　　　平成15年12月22日
> 国税庁　課税部長　西江　章　殿
> 　　　　　　　　　　中小企業庁　経営支援部長　西村　雅夫

試験研究費税額控除制度における人件費に係る「専ら」要件の税務上の取扱いについて

標記について，下記のとおり解して差し支えないか，貴見を伺いたく照会申し上げます。

（趣旨）

試験研究費税額控除制度の対象となる試験研究費に含まれる人件費については，租税特別措置法施行令第5条の3第12項第1号，第27条の4第9項第1号及び第39条の39第10項第1号において，「専門的知識をもって当該試験研究の業務に専ら従事する者に係るものに限る」と規定されているところである。

しかしながら，当該規定が適用できるかどうかの判定に当たっては，試験研究部門に属している者や，研究者としての肩書のある者等に限られるのではないかという認識が実務界にあることから，実態として当該規定の適用を見送る例があると承知しているところである。

特に，中小企業は人的な余裕がなく，限られた経営資源の中で試験研究に取り組まざるを得ないため，試験研究以外の業務と兼務するケースが多く見られるところであるが，下記のような研究プロジェクトの場合にあっては，当該規定の適用があり得ることを明確にするとともに，その周知を図るために照会するものである。

記

試験研究費税額控除制度における人件費に係る「専ら」要件の考え方

租税特別措置法施行令第5条の3第12項第1号，第27条の4第9項第1号及び第39条の39第10項第1号に規定される「専門的知識をもって当該試験研究の業務に専ら従事する者」とは，試験研究部門に属している者や研究者としての肩書を有する者等の試験研究を専属業務とする者や，研究プロジェクトの全期間中従事する者のほか，次の各事項のすべてを満たす者もこれに該当する。

① 試験研究のために組織されたプロジェクトチームに参加する者が，研究プロジェクトの全期間にわたり研究プロジェクトの業務に従事するわけではないが，研究プロジェクト計画における設計，試作，開発，評価，分析，データ収集等の業務（フェーズ）のうち，その者が専門的知識をもって担当する業務（以下「担当業務」という。）に，当該担

当業務が行われる期間，専属的に従事する場合であること。
② 担当業務が試験研究のプロセスの中で欠かせないものであり，かつ，当該者の専門的知識が当該担当業務に不可欠であること。
③ その従事する実態が，おおむね研究プロジェクト計画に沿って行われるものであり，従事期間がトータルとして相当期間（おおむね1ヶ月（実働20日程度）以上）あること。この際，連続した期間従事する場合のみでなく，担当業務の特殊性等から，当該者の担当業務が期間内に間隔を置きながら行われる場合についても，当該担当業務が行われる時期において当該者が専属的に従事しているときは，該当するものとし，それらの期間をトータルするものとする。
④ 当該者の担当業務への従事状況が明確に区分され，当該担当業務に係る人件費が適正に計算されていること。

5－6 試験研究費の税額控除の概要

試験研究費の税額控除の概要はどのようになっているのでしょうか。

試験研究費の税額控除は，(1)試験研究費の総額に係る特別控除，(2)中小企業者等の試験研究費の特別控除，(3)特別試験研究に係る特別控除，(4)試験研究費の増加額等に係る特別控除があり，選択適用することができます。

解説

試験研究費の税額控除制度は次の仕組みから構成されています。

(1) 試験研究費の総額に係る税額控除額（解散等事業年度を除きます。）（措法42の4①）

$$\left. \begin{array}{l} \text{当期の試験研究費の額} \times 10\% \left[\begin{array}{l} \text{試験研究費割合が} \\ 10\%\text{未満の場合に} \\ \text{は，(試験研究費割} \\ \text{合} \times 0.2) + 8\% \end{array} \right] \\ \text{当期の法人税額} \times \dfrac{25}{100} \end{array} \right\} \begin{array}{l} \text{いずれか少ない金額} \\ = \text{税額控除額} \end{array}$$

(注)1 試験研究費とは製品の製造又は技術の改良，考案若しくは発明に係る試験研究のために要する一定の費用で，具体的には，次に掲げる費用をいいます（措令27の4②）。
① 原材料費，人件費（専門的知識をもって試験研究の業務に専ら従事する者に係るものに限られます。）及び経費

第5章 その他　197

　　② 委託研究費
　　③ 技術研究組合の賦課金
　2　解散等事業年度とは，解散（合併による解散を除きます。）の日を含む事業年度及び清算中の各事業年度をいいます。
　3　試験研究費割合とは，次の算式により計算した割合をいいます。
　（算　式）

$$試験研究費割合 = \frac{当該事業年度の試験研究費の額}{当該事業年度及び当該事業年度開始の日前3年以内に開始した各事業年度の平均売上金額}$$

　　※　分母の平均売上金額は，当該事業年度及び当該事業年度開始の日前3年以内に開始した各事業年度の売上金額の平均値となります。この場合の売上金額は，棚卸資産の販売その他事業として継続して行われる資産の譲渡及び貸付け並びに役務の提供に係る収益の額（営業外の収益の額とされるべきものを除きます。）を基礎として計算します。

(2)　中小企業者等の試験研究費の税額控除額（(1)の適用を受ける事業年度並びに解散等事業年度を除きます。）（措法42の4②）

$$\left.\begin{array}{l}当期の試験研究費の額 \times \dfrac{12}{100} \\[4pt] 当期の法人税額 \times \dfrac{25}{100}\end{array}\right\} \begin{array}{l}いずれか少ない金額\\ =税額控除額\end{array}$$

　（注）　中小企業者等とは，次に掲げる中小企業者又は農業協同組合等に該当する法人をいいます。

中小企業者	(1) 資本金の額又は出資金の額が1億円以下の法人のうち，次のイ又はロに掲げる法人に該当しないもの 　イ　その発行済株式又は出資の総数又は総額の2分の1以上が同一の大規模法人（資本金の額若しくは出資金の額が1億円を超える法人又は資本若しくは出資を有しない法人のうち常時使用する従業員の数が1,000人を超える法人をいい，中小企業投資育成株式会社を除きます。ロにおいて同じ。）の所有に属している法人 　ロ　イに掲げるもののほか，その発行済株式又は出資の総数又は総額の3分の2以上が大規模法人の所有に属している法人 (2) 資本又は出資を有しない法人のうち，常時使用する使用人の数が1,000人以下のもの
農業協同組合等	農業協同組合，同連合会，中小企業等協同組合，出資組合である商工組合及び同連合会，内航海運組合，同連合会，出資組合である生活衛生同業組合，漁業協同組合，同連合会，水産加工業協同組合，同連合会，森林組合並びに同連合会

(3) 特別試験研究に係る税額控除額（解散等事業年度を除きます。また，(1)(2)の適用を受ける特別試験研究費も除きます。）（措法42の4③）

　イ　その事業年度の所得の金額の計算上損金の額に算入される特別試験研究費の額のうち特別試験研究機関等と共同して行う試験研究又は特別試験研究機関等に委託する試験研究に係る試験研究費の額の30％相当額
　ロ　その事業年度の所得の金額の計算上損金の額に算入される特別試験研究費の額のうちイの試験研究費の額以外の試験研究費の額の20％相当額

　　合計額＝特別研究税額控除限度額

$$当期の法人税額 \times \frac{5}{100} = 税額控除額$$

　(注)　特別試験研究費とは，次に掲げる試験研究に係る一定の要件を

満たす試験研究費をいいます（措令27の4⑥）。

　試験研究費の額のうち国の試験研究機関，大学その他の者と共同して行う試験研究，国の試験研究機関，大学又は中小企業者に委託する試験研究，中小企業者からその有する知的財産権（知的財産基本法第2条第2項に規定する知的財産権及び外国におけるこれに相当するものをいいます。）の設定又は許諾を受けて行う試験研究，その用途に係る対象者が少数である医薬品に関する試験研究その他の政令で定める試験研究に係る試験研究費の額として政令で定めるものをいいます。

⑷　試験研究費の増加額等の税額控除額（措法42の4④）

　なお，①②はいずれか選択適用とされている（措法42の4⑤）。

　この場合の控除税額は⑴〜⑶とは別に当期の法人税額の10％相当額が限度とされます。

①　平成20年4月1日から平成29年3月31日までの間に開始する各事業年度において，増加試験研究費の額が比較試験研究費の額の5％相当額を超え，かつ，試験研究費の額が基準試験研究費の額を超える場合には，その法人のその事業年度の所得に対する法人税の額から，その増加試験研究費の額に30％（増加試験研究費割合が30％未満である場合には，その増加試験研究費割合）を乗じて計算した金額を控除することができることとされます。

②　平成20年4月1日から平成29年3月31日までの間に開始する各事業年度において，試験研究費の額が平均売上金額の10％相当額を超える場合には，その超える部分の金額に特別税額控除割合（試験研究費割合から10％を控除した割合に0.2を乗じた割合）を乗じた金額の特別税額控除ができることとされます。

(注) 1 　基準試験研究費の額とは，適用年度の開始の日前2年以内に開始した各事業年度の損金の額に算入される試験研究費の額のうち最も多い額をいいます。

2 　比較試験研究費の額とは，適用年度の開始の日前3年以内に開始した各事業年度の損金の額に算入される試験研究費の額の合計額を3で除して計算した金額をいいます。

3 　増加試験研究費の額とは，法人の事業年度の所得の金額の計算上損金の額に算入される試験研究費の額からその法人の比較試験研究費の額を控除した残額をいいます。なお，その事業年度からは，設立事業年度を除くこととされています。

4 　増加試験研究費割合とは，増加試験研究費の額の比較試験研究費の額に対する割合をいいます。

5－7 海外からのソフトウェアの借入れは消費税の課税対象か

　当社は，アメリカのA社からソフトウェアの提供を受けることとし，その使用料を支払うこととしました。

　なお，A社は日本に支店があり当社との交渉も日本支店と行いましたが，契約書の締結や使用料の決済は直接アメリカ本社と行っています。

　また，このソフトウェアは直接アメリカ本社から郵送されてきます。

　この場合の使用料については，消費税は課税されるのでしょうか。

　ソフトウェアは，その貸付けを行う者の住所地により国内取引であるか国外取引であるかを判定しますから，アメリカA社との取引となり国外取引に該当し，課税の対象とはなりません。

/解説/

　ソフトウェアは，著作権に該当しますから，消費税の取扱いにおいて資産の譲渡が国内で行われたかどうかの判定は，貸付けを行う者の事業所等の所在地によることとなります（消費税法施行令6①六）。

　ご質問の場合，貸主はアメリカA社（住所地アメリカ）ですから，国外取引となります。

　なお，ソフトウェアがCD－ROMやマニュアル本として郵送され

る場合は，輸入による課税貨物に該当することとなり，原則として消費税の課税対象となります。

　ただし，その郵便物の関税の課税価額の合計額が1万円以下の場合は，関税定率法14条18号《無条件免税》に該当し，輸入品に関する内国消費税の徴収等に関する法律13条1項1号により消費税は免除されます。

　輸入されるＣＤ－ＲＯＭ（ソフトウェアを記録している輸入媒体）について，ソフトウェアの価額とＣＤ－ＲＯＭの価額が区分されている場合は，ＣＤ－ＲＯＭの価額が関税の課税価額となります。

5−8 ソフトウェア業は消費税の簡易課税制度の適用上第何種事業か

　当社は，A社とのソフトウェアライセンス契約によりサブ・ライセンス権を取得しました。

　A社からは，ソフトウェアの入力されたCD−ROMとマニュアルの支給を受け，当社において複製し，顧客には契約の都度引き渡しています。

　なお，顧客との契約上，契約終了時において当該ソフトウェアは当社に返還されることとしています。

　当社は，2年前の売上が5千万円以下で簡易課税の適用があるのですが，このようなCD−ROMやマニュアル本の販売は，小売業に該当するものとして判断してよいのでしょうか。

〈取引図〉

　簡易課税の適用上の事業区分は，小売業には該当せず，第5種事業（サービス業）となります。

解説

　ソフトウェアに係るサブ・ライセンス権を取得した上で，そのソフトウェアを複写（コピー・ダビング）してユーザーに提供することが，消費税の簡易課税における事業区分上，第何種事業になるかは非常に重要です。

　ご質問の場合，貴社はA社からソフトウェアのサブ・ライセンス権を取得し，その権利に基づきソフトウェアを複写した上でユーザーとの契約によりソフトウェアを使用させている（当該ソフトウェアは契約終了時において返還されることとなっています。）ものですから，ソフトウェアの販売をしているものとはなりません。

　したがって，他から購入した商品をその性質及び形状を変更しないで販売するものではありませんから，第1種事業（卸売業）又は第2種事業（小売業）には該当しません。

　また，サブ・ライセンス権に基づきユーザーに使用させるものですから製造業にも該当しません。ソフトウェア業は，日本標準産業分類上の大分類「情報通信業」・中分類「情報サービス業」・小分類「ソフトウェア業」に該当しますから，第5種事業となります。

　ソフトウェア関連事業の事業区分について参考までに掲げます。

1　情報記録物製造業（日本標準産業分類3296）……第3種事業
　　コピー等（大量生産）して，業者に卸す事業所
2　他に分類されないその他の小売業（日本標準産業分類6099）……第2種事業
　　パッケージソフトウェアをユーザーに販売する事業所
　　（例：ゲームソフトの小売）
3　ソフトウェア業（日本標準産業分類391）……第5種事業

(1) 受託開発ソフトウェア業（日本標準産業分類3911）

顧客の委託により，電子計算機のプログラムの作成及びその作成に関して調査，分析，助言などを行う事業所をいいます。

(2) 組込みソフトウェア業（日本標準産業分類3912）

情報通信機械器具，輸送用機械器具，家庭用電気製品等に組み込まれ，機器の機能を実現するためのソフトウェアを作成する事業所をいいます。

(3) パッケージソフトウェア業（日本標準産業分類3913）

電子計算機のパッケージプログラムの作成及びその作成に関して，調査，分析，助言などを行う事業所をいいます。

(4) ゲームソフトウェア業（日本標準産業分類3914）

家庭用テレビゲーム機，携帯用電子ゲーム機，パーソナルコンピュータ等で用いるゲームソフトウェア（ゲームソフトウェアの一部を構成するプログラムを含みます。）の作成及びその作成に関して，調査，分析，助言などを行う事業所をいいます。

4 他に分類されないその他の事業サービス業（日本標準産業分類9299）……第5種事業

パッケージの販売の形態をとらず，使用権を設定する事業所をいいます。

第6章

メーカー側の対応

6-1 ソフトウェアの開発請負（ソフトウェアの完成品と組込み）の場合の収益計上時期

当社はソフトウェアの開発等を行っている会社です。A社からソフトウェアの開発を請け負いましたが，その内容はソフトウェアの完成品を納入し，相手方の機械に組み込むまでとしています。

なお，請負代金は業務の進行割合に応じて入金されることとなっていますが，この場合の収益計上はどのように行うのでしょうか。

ソフトウェアの完成品を納入して組込みが終了した時をもって収益計上することとなります。

なお，ソフト完成品の引渡日と組込終了の日に区分して収益計上することもできます。

解説

請負による収益計上は，一般的に物の引渡しを要する請負契約にあっては，その目的物の全部を完成して相手方に引き渡した日，物の受渡しを要しない請負契約にあっては，その約した役務の全部を完了した日の属する事業年度の収益に計上することとされています（法基通2-1-5）。

ただし，一の契約により同種の建設工事等を多量に請け負ったような場合で，その引渡量に従い工事代金を収入する旨の特約又は慣習が

ある場合は，その建設工事等の全部が完了しないときであっても，引渡部分については収益計上することとなります（法基通2—1—9）。

例えば，いくつかのソフトウェアの製作を請け負った場合において，一つの完成ソフトウェアごとに納品し代金を受領する場合は，一つの納品ごとに収益計上することとなります。

また，機械設備等の販売に伴い据付工事を行った場合の収益計上時期は，その据付工事が相当の規模のものであり，その据付工事に係る対価の額を契約その他に基づいて合理的に区分できるときは，機械設備等に係る販売代金の額と据付工事に係る対価の額とを区分して収益計上することができることとされています（法基通2—1—10）。

なお，据付工事の収益の区分計上は，法人がこれを選択する場合に適用があり，税務当局から強制されるものではありません。

ご質問の場合は，ソフトウェアの完成品を納入して組込みが終了した時をもって収益計上することとなります。なお，ソフト完成品の引渡日と組込終了の日にそれぞれの対価を区分して収益計上することもできます。

もっとも，ソフトウェアの開発請負について工事進行基準が適用される長期大規模工事に該当する場合には，全体の収益を区分計上するという考え方は生じません。

6-2 ソフトウェアの開発請負（技術指導と作業の指揮監督）の場合の収益計上時期

当社はソフトウェアの開発等を行っている法人です。ソフトウェアの開発業務を請け負う場合，相手先の要望により，技術者の派遣及び作業の指揮監督のみを請け負う場合がありますが，この場合の収益計上はどのように行うのでしょうか。

原則として開発業務の全部が終了した時に収益計上することとなります。ただし，相手方との契約が派遣する技術者の数や日数等によって算定することとしており，月々の決済額が確定している場合等は，月々の収益とすることになります。

解説

　設計，作業の指揮監督，技術指導その他の技術役務の提供を行ったことにより受ける報酬の額は，原則としてその約した役務の全部の提供を完了した日の属する事業年度の収益に計上することとなりますが，その技術役務の提供について次に掲げるような事実がある場合には，その支払いを受けるべき報酬の額が確定する都度，その確定した金額をその確定した日の属する事業年度の収益に計上することとされています。

　ただし，その支払いを受けることが確定した金額のうち役務の全部の提供が完了するまで，又は1年を超える相当の期間が経過するまで

支払いを受けることができないこととされている部分の金額については，その完了する日とその支払いを受ける日とのいずれか早い日まで収益計上を見合わせることができます（法基通2―1―12）。

(1) 報酬の額が現地に派遣する技術者等の数及び滞在期間の日数等により算定され，かつ，一定の期間ごとにその金額を確定させて支払いを受けることとなっている場合

(2) 例えば，基本設計に係る報酬の額と部分設計に係る報酬の額が区分されている場合のように，報酬の額が作業の段階ごとに区分され，かつ，それぞれの段階の作業が完了する都度その金額を確定させて支払いを受けることとなっている場合

《着手費用を収受した場合》

さらに，技術役務の提供に係る契約に関連して，その着手費用に充当する目的で相手方から支度金，着手金等の額を収受したときは，それが後日清算して剰余金があれば返還することとなっているものを除き，その収受した日の属する事業年度の益金の額に算入することとされています（法基通2―1―12（注））。

したがって，ソフトウェアの開発を請け負った場合であっても，その請負の内容が技術者の派遣及び作業の指揮監督のみであるときはこれらの基準に従って収益を計上することになります。

6－3　複写して販売するソフトウェアの収益計上時期

当社では，従来から売上げの計上については，ユーザーからの注文に応じて製品を出荷した時点で行うこととしています。

今回，甲社との契約によりソフトウェアを納入することとなりましたが，甲社では，検収したうえで仕入計上することとし，当社においても契約上それまで代金の請求はできないこととなりました。甲社への売上計上は，出荷基準によることなく，甲社の検収が終了するのを待って売上計上することはできるのでしょうか。

甲社に対する売上げについて検収基準により計上することができます。

解説

税法上，棚卸商品の売上げについては，一般に公正妥当な会計処理の基準によることとされ，企業会計原則においても「売上高は実現主義の原則に従い，商品等の販売は役務の給付によって実現したものに限る」こととされています。

なお，棚卸資産の引渡しの日がいつであるかについては，例えば出荷した日（出荷基準），相手方が検収した日（検収基準），相手方において使用収益ができることとなった日，検針等により販売数量を確認した日等，当該棚卸資産の種類及び性質，その販売に係る契約の内容

等に応じてその引渡しの日として合理的と認められる日のうち，法人が継続してその収益計上を行うこととしている日によるものとされています（法基通2－1－2）。

　したがって，ご質問のように原則として出荷基準により売上計上している場合であっても，甲社に対する売上げについて出荷基準によらず，検収基準によって売上計上することも甲社との契約内容からすると合理的なものとして認められます。

6−4　ソフトウェアの製作請負と工事進行基準の適用

当社は，ソフトウェアの開発請負を業としていますが，ソフトウェアの開発請負についても，工事進行基準の適用があるのでしょうか。

工事進行基準の適用がある工事の請負にはソフトウェアの開発が含まれることとされています。

/解説/

1　工事進行基準の概要

工事進行基準は，請負工事の完成に先立って，その工事利益を分割して繰上計上する方法です。長期大規模工事に該当するものについては，工事進行基準の方法により益金及び損金の額を算出して所得金額を計算しますが，長期大規模工事以外の工事で（損失が生ずるものも含まれます。），工事の完成が工事着工事業年度後の事業年度において行われるものについては，工事進行基準と工事完成基準の選択適用ができることとされています（法法64）。

長期大規模工事とは，次の要件を満たす工事（製造及びソフトウェアの開発を含みます。）をいいます。

① 工事の着手の日からその工事に係る契約において定められている目的物の引渡しの期日までの期間が1年以上であること
② 請負の対価の額が10億円以上であること
③ その工事に係る契約において，その請負の対価の額の2分の1

以上がその工事の目的物の引渡しの期日から1年を経過する日後に支払われることが定められていないものであること

2 ソフトウェアの製作請負

　従来，工事進行基準の適用される請負工事の範囲には，原則としてソフトウェアの製作等の役務の提供のみの請負は含まれないこととされ，役務提供の請負が本体工事と密接不可分のものについては，その全体を一つの工事の請負として認められるため，それらの役務の提供も本体工事の請負額に含まれることとされていました。

　しかしながら，平成20年度の税制改正により工事の請負にソフトウェアの開発が含まれることとなりました。

　したがって，ソフトウェアの開発を請け負った場合は，工事進行基準の適用の規定を受けることとなります。

　なお，改正後において留意すべき点は前述のとおり，長期大規模工事以外の工事で損失が生ずると見込まれるものについても工事進行基準を適用（赤字の前倒し計上）することができること，また，工事進行基準の適用により計上した未収入金は貸倒引当金の計算上，金銭債権に含まれることとされていることに注意する必要があります（旧法基通11―2―20は廃止されました。）。

6－5 販売用の自社開発ソフトはいつから資産計上となるか

　当社は，おもちゃメーカーですが，ゲームソフトの開発を自社開発部で行っています。ゲームソフトの場合，失敗するものも多く，また当初の開発開始時においては特定の開発商品名もありません。
　このようなソフトウェアの開発の場合の資産計上は，いつの時点から行うのでしょうか。

　「最初に製品化された製品マスター」の完成までの費用は，研究開発費としてソフトウェアの取得価額に含めないことができると考えます。

/解説/

　企業会計上は，市場販売目的のソフトウェアの製作に係る研究開発の終了時点は，製品番号を付すこと等により販売の意思が明らかにされた製品マスター，すなわち「最初に製品化された製品マスターの完成時点」とされています。この時点までの製作活動は研究開発と考えられるため，ここまでに発生した費用は研究開発費として処理することとされています。

　具体的には，①製品性を判断できる程度のプロトタイプが完成していること，②プロトタイプを製作しない場合は，製品として販売するための重要な機能が完成しており，かつ，重要な不具合を解消してい

ることが判断基準とされています。

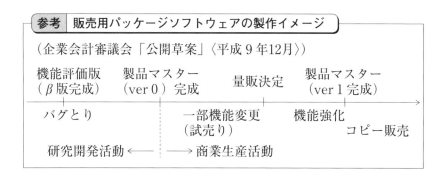

　税務上，自社製作ソフトウェアは，当該ソフトウェアの製作のために要した原材料費，労務費及び経理の額に当該ソフトウェアを事業の用に供するために直接要した費用の額の合計額とされていますが，研究開発費の額は取得価額に含めないことができることとされています（法基通7－3－15の3）。

　なお，研究開発費の額については，自社利用ソフトウェアについて，その利用により将来の収益獲得又は費用の削減にならないことが明らかなものに限るとされていますが，販売目的ソフトウェアについてはその制限がありません。

　減価償却資産の取得価額はもともと適正な原価計算に基づき算定したものであればこれを認容することとされており（法令54②），税務上特段の定義がおかれていない研究開発費といった費用の原価性の有無の判断は実務上困難であることから一つの割切りとして基本的には企業会計と同様に取り扱うこととされています（『法人税基本通達逐条解説』（税務研究会刊行）参照）。

　したがって，企業会計と同様「最初の製品化された製品マスター」

の完成までの費用は，研究開発費に該当することとなり，ソフトウェアの取得価額に含めないことができると考えます。

　もっとも，ゲームソフトはその内容からするとコンテンツが主たるものでありその属性から判断すると減価償却資産である「器具備品」の「映画フィルム……」として処理することが考えられるとする意見もあります。

　なお，ゲームソフト制作会社の中には開発費用について商品原価として製作段階においては仕掛品とし，販売時に売上原価として振り替える会計処理を行っている法人も見受けられます。

　ゲームソフトは開発期間が長期となっている反面，発売後の商品寿命がきわめて短いことが背景にあると考えられます。

6－6　自社開発したソフトウェアの関連会社への売却

　当社では，3年前に自社使用のソフトウェアを社内で開発し，業務使用してきました。

　その開発費用については，無形固定資産として減価償却を行っております。

　この度，このソフトウェアをグループ各社に売却し，その代価200万円を各社から収受することとしましたが，税務上問題があるでしょうか。

　売却価額が適正であれば，税務上問題は生じません。ソフトウェアを購入したグループ各社においては，無形固定資産に計上し，減価償却することとなりました。

/解説/

　法人税における譲渡対価の額は，時価によることとされています。

　この場合の時価とは，その資産が使用収益されるものとして，譲渡日において通常付される価額をいうものとされています（法基通9―1―3）。

　具体的には，その資産の種類，型式，使用経過年数等を考慮し，販売業者の見積販売価額，類似物件の売買実例価額等を比準して価額を決定することとなります。

　もっとも，資産の評価はその絶対的な基準が存在しないのが通常であり，きわめて難しい場合が多いと思われます。

有形固定資産の評価損の計上における時価の算定方式については，当該資産の再取得価額を基礎として，その取得の時から譲渡日までの期間にわたって定率法による減価償却を行ったものと仮定した場合の未償却残高をもって時価とした場合は，これを認めることとされています（法基通9－1－19）。

ご質問のソフトウェアについても，譲渡日における当該ソフトウェアの時価を合理的に算定する必要があります。

自社の業務用に自社で開発したソフトウェアですから，自社開発に要した費用の額，あるいは同様なソフトウェアの市場価額等（再取得価額）を参考に，定額法による未償却残額を求め適正利潤を加算するなど，譲渡対価が適正であることを裏付ける資料を取り揃えておくのがベターです。

なお，ソフトウェアは無形固定資産であり有形固定資産でないことから，再取得価額から減価償却費相当額を控除した価額を時価とする方法は認められないのではないかとの疑問が生じますが，時価の算定が困難である場合は，この方法によることもやむを得ないと考えられます。

また，取引価額が時価に比べ高額で売買されたものと認定されると，取得者側において寄付金課税がなされますし，減価償却の基礎となるソフトウェアの取得価額も，高額部分を除いて計算することとなります。

6－7　販売用ソフトウェアのバージョンアップ費用は取得価額となるか

当社は販売用ソフトウェアを製作し販売しています。

販売用ソフトウェアは，ユーザーへの対応から操作性の向上や簡単な機能追加となるバージョンアップが欠かせません。また，数年に一度は，この商品を基礎に大部分が新しい製品を開発するのと同様な大幅なバージョンアップを行っています。このようなバージョンアップの費用は資本的支出となり，研究開発費として処理することはできないのでしょうか。

操作性の向上や簡単な機能追加となるバージョンアップ費用はソフトウェアの資本的支出となり，資産計上することとなりますが，新製品の製作と同様なバージョンアップは製品マスター（Ver 0）完成までは研究開発費として処理することができるものと思われます。

/解説/

法人が有するソフトウェアについてプログラムの修正等を行った場合において，その修正等がプログラムの機能上の障害の除去，現状の効用の維持等に該当するときはその修正等に要した費用は修繕費に該当し，新たな機能の追加や機能の向上等に該当するときはその修正等に要した費用は資本的支出に該当することとされています。なお，既

に有しているソフトウェアや購入したパッケージソフトウェア等の仕様を大幅に変更して，新たなソフトウェアを製作するための費用は，原則として取得価額となることに留意することとされています（法基通7―8―6の2）。

バージョンアップ費用はその内容からすると新たな機能の追加や機能の向上等であり資本的支出として資産計上するのが原則となります。

もっとも，企業会計上は，製品マスター又は購入したソフトウェアの機能を改良・強化を行うための費用は原則として資産計上しますが，当該改良が著しいと認められる場合は研究開発費（期間費用）として処理することとされています。ここでいう著しい改良とは，研究・開発の定義に該当する改良，すなわち「既存の製品等を著しく改良するための計画若しくは設計として，研究の成果その他の知識を具体化する」ものです。具体的な例として実務指針では，機能の改良・強化を行うために主要なプログラムの過半部分を再制作する場合，ソフトウェアが動作する環境（オペレーションシステム，言語，プラットフォームなど）を変更・追加するために大幅な修正が必要になる場合などを挙げています。

税務上は，上記通達にあるように，原則としては取得価額に含めることとなりますが，企業会計上の研究開発費を否定するものではないことから（法基通7―3―15の3）製品マスター（Ver0）完成までは研究開発費として処理することができるものと思われます。

6−8　機械に組み込まれているソフトウェア

当社は，製造メーカーです。このたび，工作機械を取得しましたが，この機械にはいくつかのソフトウェアが組み込まれています。このような場合のソフトウェアについては，どのようにするのでしょうか。

機械本体価額とソフトウェアの価額が明確に区分されているときは，ソフトウェア部分を無形固定資産として資産計上することとなります。

/解説/

コンピュータが組み込まれた工作機械などを取得する場合，機械本体とソフトウェアを同時に取得すると，機械本体とソフトウェアとを区分して計上するのか，機械装置として一括資産計上するのかが問題となります。

ソフトウェアは，それのみが単体として取引されている場合が多いのですが，パソコンをはじめ機械，装置をメーカーから購入する際，あらかじめ一定のソフトウェアが本体に組み込まれているケースも多く見受けられます。

パソコンを例にとると，インストール済みのソフトウェアについては，購入明細で本体とソフトウェアが区分されていないこと，日本語ワープロや表計算などのソフトウェアが組み込まれていたとしても，その単価が少額と認められることなどから，パソコンとソフトウェア

を区分することなく，パソコン本体の取得価額として処理することとしています。

　一方，高額な機械・装置に附属するソフトウェアは，通常販売するメーカーにおいて本体と区分して価格表示しているものが多いと思われます。このように，機械本体にソフトウェアが組み込まれ一体で購入されるとしても，機械本体価額とソフトウェアの価額とが区分されている場合は，ソフトウェア部分については無形固定資産として機械・装置とは別に資産計上することとなります。

　もっとも，機械・装置とソフトウェアの価額が区分されていない場合には，ソフトウェアは機械・装置本体の一部とみなされますから，ソフトウェア部分を勝手に取り出して資産区分することはできないこととなります。

6-9 他社が開発したソフトウェアについて，複写して販売する権利を取得した場合

当社は，この度，A社が開発したゲームソフトについて，独占的に複写して販売する権利（ソフトウェアの著作権はA社が保有）として2,000万円を支払いました（契約期間は2年）。

なお，A社からはゲームソフトの入力されたCD-ROM（マスターCD-ROM）とマニュアルの支給を受け，当社において複製し販売します。

この支払った金額は，ソフトウェアとして資産計上するのでしょうか。繰延資産として計上するのでしょうか。

出版権の設定の対価として繰延資産として計上することとなると考えます。

したがって，契約期間2年で償却することとなるでしょう。

/ 解説 /

他の者が開発したソフトウェアの複製物を販売する権利として支出した場合，この支払った金額が複写して販売するソフトウェアの原本の取得価額とするのか又は著作権法による出版権の設定の対価としてとらえるのかが問題となります。

しかしながら，A社が開発したソフトウェアについて著作権がA社に帰属していますから当社は，あくまでソフトウェアそのものの取得

というよりは，複写して販売する権利の取得とするのが妥当と考えます。

著作権者は，その著作物を複製する権利を専有し（著作権法21），その著作物を文書又は図画として出版することを引き受ける者に対し出版権を設定することができることとされています（著作権法79）。

とすると，出版権の設定の対価として繰延資産として処理することとなります（法基通8—1—10）。

6－10　販売用ソフトウェアの委託研究開発

　当社は，玩具メーカーですが，ゲームソフトの開発を子会社に委託しています。

　開発委託の内容は，開発期間を1年とし，その間に最低5本以上の試作品を提供するものとし，その試作品については当社において市場販売の可能性を検討の上，販売決定したものについてはあらためて改良等の作業委託をし，製品マスターとして納品してもらうこととしています。

　なお，当初の開発委託費は，子会社の開発部で当社の開発に携わる人件費等をもとに月額500万円とし，改良等の委託作業費は別途取り決めることとしています。

　このような場合の開発委託費は，研究開発費として一時の損金とすることができるのでしょうか。

　「最初に製品化された製品マスター」の完成までの費用は，研究開発費として費用処理ができるものと考えられます。

　資産計上したソフトウェアについては，今後，販売を行わないことが明らかとなったときに，除却損として処理することができます。

/解説/

　試作品が工業化研究の一環として製作したものである場合には，一般的には製造原価に関する取扱い（法基通5－1－4）により資産計上することとなりますが，いまだ特定の製品等の生産に至らないもの

は，試験研究費のうちの基礎研究及び応用研究として取り扱われ，原価外処理，すなわち一時の費用とすることが認められています。

ソフトウェアについても，次に掲げるような費用の額は，取得価額に算入しないことができることとされています（法基通7－3－15の3）。

① 自己の製作に係るソフトウェアの製作計画の変更等により，いわゆる仕損じがあったため，不要となったことが明らかなものに係る費用の額

② 研究開発費の額（自社利用のソフトウェアについては，その利用により将来の収益獲得又は費用削減にならないことが明らかなものに限ります。）

③ 製作等のために要した間接費，付随費用等でその費用の額の合計額が少額（その製作原価のおおむね3％以内の金額）であるもの

なお，研究開発費の額については，自社利用ソフトウェアについて，その利用により将来の収益獲得又は費用の削減にならないことが明らかなものに限るとされていますが，販売目的ソフトウェアについてはその制限がありません。

減価償却資産の取得価額はもともと適正な原価計算に基づき算定したものであればこれを認容することとされており（法令54②），税務上特段の定義がおかれていない研究開発費といった費用の原価性の有無の判断は実務上困難であることから一つの割り切りとして基本的には企業会計と同様に取り扱うこととされています（『法人税基本通達逐条解説』（税務研究会刊行）参照）。

したがって，企業会計と同様「最初に製品化された製品マスター」

の完成までの費用は，研究開発費に該当することとなり，ソフトウェアの取得価額に含めないことができることとなります。

　質問の場合も，「最初に製品化された製品マスター」までの開発委託費ですから研究開発費として費用処理ができるものと考えられます。

　ただし，販売決定したものについてあらためて改良等の作業委託をした場合の費用は，複写して販売するための原本となるソフトウェアの取得価額とされます。なお，複写して販売するための原本となるソフトウェアの償却費は製品の製造原価に含めないことができることとされています（法基通5－1－4(6)）。さらに，資産計上したゲームソフトについて，今後，販売が行われないことが社内りん議書，販売流通業者への通知文書等で明らかな場合には除却損の計上が認められます。

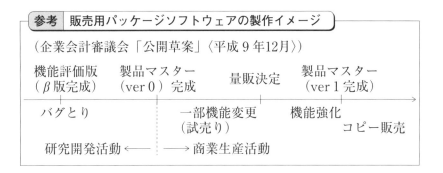

参考 販売用パッケージソフトウェアの製作イメージ
（企業会計審議会「公開草案」〈平成9年12月〉）

6-11 賃貸用ソフトウェアの耐用年数

　貸出しているソフトウェアの耐用年数は何年とするのでしょうか。
　なお，リース取引の場合はどのようになるのでしょうか。

　賃貸借となる場合には，貸出先の用途に応じて判定することとなります。
　一般的には貸出先が自社利用するのがほとんどと考えられますから耐用年数は5年となります。

解説

　貸与している減価償却資産の耐用年数は，耐用年数省令別表において貸付業用として特掲されているものを除き，原則として，貸与を受けている者のその資産の用途等に応じて判定することとされています。

　一般的には，貸出されるソフトウェアが研究開発用に使用されることは少なく自社利用するのがほとんどと考えられますから耐用年数は5年となります。

　法形式が賃貸借であっても税務上リース取引に該当する場合には，平成19年度の税制改正により平成20年4月1日以後に締結するリース取引についてはそのリース資産の賃貸人から賃借人への引渡しの時にそのリース資産の売買があったものとして取り扱うこととされまし

た。この場合のリース取引とは，資産の賃貸借（所有権が移転しない土地の賃貸借その他の一定のものを除きます。）で次の要件「①その賃貸借に係る契約が賃貸借期間の中途においてその解除をすることができないものであること又はこれに準じるものであること，②その賃貸借に係る賃借人がその賃貸借に係る資産からもたらされる経済的な利益を実質的に享受することができ，かつ，その資産の使用に伴って生ずる費用を実質的に負担すべきこととされているものであること」を満たすものをいいます。

したがって，リース取引に該当する場合にはリース資産の引渡しの時に売買処理がなされますから，賃貸人が当該リース資産を所有しているものとは認められないことから耐用年数や減価償却の問題は生じません。

これに伴い，所有権移転外リース取引に係る賃貸人が取得したものとされるリース資産については，リース期間定額法により償却することとされます。

なお，上記の税制改正以前においては，ソフトウェアのリースについて一定の要件の下に賃貸借とする取扱いが認められていました（ソフトウェア・リース取引に係る税務上の取扱いに関する質疑応答（平成12年12月））ので，平成20年3月31日以前のリース取引でこの取扱いを受ける場合には自社の減価償却資産として処理することとされていました。

6－12　販売用ソフトウェアの耐用年数

当社は，ソフトウェアの開発・販売をしています。

このたび，外注先に委託していた汎用の経理・財務ソフトが完成し，引渡しを受けたので，直ちに，これを利用した複製ソフトを販売することとなりました。

製作本数は販売状況により未定ですが，最低100本としています。このような場合のソフトウェアの償却はどうするのでしょうか。

複写して販売するための原本となるソフトウェアは，無形固定資産として法定耐用年数3年で償却することとなります。

/解説/

ソフトウェアは減価償却資産とされており，原則的にソフトウェアの取得費用（自社製作費を含みます。）を資産計上し，他の減価償却資産と同様にその利用目的に応じて償却することとなります。

なお，複写して販売するための原本となるソフトウェアの法定耐用年数は3年とされています。

企業会計においては，販売用ソフトウェアの取得原価について，販売見込数量を基礎として減価配賦する方法もありますが，税務上は，あくまで法定耐用年数3年により償却計算すべきこととなりますから，このような場合は税務調整が必要となります。

《法人の処理》

（例）　ソフトウェア取得原価300万円，販売見込数量（製造量）100，
　　　期末棚卸数　50

　　　（借　方）　　　　　　　　　　（貸　方）

〈取得時〉

ソフトウェア　3,000,000円　　　現　　　　金　3,000,000円

〈償却費計上（販売見込数量による）〉

減 価 償 却 費　1,500,000円　　　ソフトウェア　1,500,000円

《税務処理》

ソフトウェア　　500,000円　　　減価償却超過額　　500,000円

　税務上，複写して販売するための原本となるソフトウェアの償却費の額は，製品の製造原価に算入しないことができることとされています（法基通5―1―4⑥）。

6-13 返品を受けたソフトウェア（販売用）の評価損

当社は，業務用財務ソフトを開発し，販売店を通じて相当数の売上げを計上しています。しかし，同業者が新製品を開発し販売したことにより，相当数の返品となりました。

このような返品については，除却損あるいは評価損として計上することができるでしょうか。

複写して販売するためのソフトウェアは，減価償却資産として取り扱われることとなりますが，複写した販売用のソフトウェアは棚卸商品となります。

単に返品の事実だけでは，評価損の計上は認められません。

解説

税法上，棚卸資産の評価損は原則として認められないのですが，次の事実がある場合には，評価損の計上が認められます（法令68一）。

(1) その棚卸資産が災害によって著しく損傷したこと
(2) その資産が著しく陳腐化したこと
(3) 会社更生法又は金融機関等の更生手続の特例等に関する法律の規定による更生計画認可の決定があったことによりこれらの法律の規定に従って棚卸資産について評価換えをする必要が生じたこと
(4) (1)から(3)までに準ずる特別な事実があること

なお，上記(2)に掲げる「著しい陳腐化」とは，棚卸資産そのものに

は物質的欠陥がないにもかかわらず，経済的な環境の変化に伴って価値が著しく減少し，その価値が今後回復しないと認められる状態にあることをいい，例えば，商品について次のような事実が生じた場合が該当します（法基通9－1－4）。

(1) いわゆる季節商品で売れ残ったものについて，今後通常の価額で販売することができないことが既往の実績その他の事情に照らし明らかであること

(2) 当該商品と用途の面ではおおむね同様のものであるが，型式，性能，品質等が著しく異なる新製品が発表されたことにより，当該商品につき今後通常の方法により販売することができないようになったこと

ご質問についてですが，他社の新商品の発売による返品ということですが，単に人気がないため返品を受けたということだけでは，評価損の計上は認められません。

したがって，今後通常の価額で販売できないこと等について立証することとなりますから，見切り販売等の事実が必要となります。

なお，商品ソフトウェアを製作するための原本であるソフトウェアについては，減価償却資産とされていますから，今後，複写して販売する商品ソフトを製作しないことが明らかであれば，除却損の計上が認められるでしょう。この場合，商品ソフトを製作しないことについて，社内りん議書や販売流通業者への通知文書等で明らかにしておく必要があります。ただし，今後さらに複写して販売する場合はもちろんのこと，当該ソフトウェアを利用して新たなソフトウェアを開発する場合は，除却損の計上は認められません。

6－14　無償のサポートサービス費用とバージョンアップ費用の取扱い

当社はソフトウェアの製作及び販売を行う法人ですが，販売する製品については1年間，無償でサポートサービスを行っています。

サポートサービスの内容は様々ですが，主としてユーザーからの問い合わせや不具合等への対応に人員を割いており，これらのサポートサービスに係る費用（主に人件費等）については，発生時の費用として処理しています。また，これと併せて各種製品に係るバージョンアップも定期的ではありませんが，必要の都度行っており，こちらはすべて研究開発費として処理しています。

これらの点について，会計上の取扱いと税務上の取扱いが異なっているところがあれば，ご教示ください。

サポートサービスに係る人件費は発生時の損金として差し支えありませんが，見積り計上を行う場合は注意が必要です。

また，バージョンアップ費用については，税務上は障害除去や機能維持のための費用を除き，資本的支出として資産計上が必要とされています。会計上の取扱いの取扱いと税務上の取扱いとでは大きな違いがありますので，注意が必要です。

解説

1 サポートサービス費用について

　一般のユーザーが市販のソフトウェアを利用する場合，パソコンへのインストール作業が必要ですが，インストール自体ができなかったり，また，インストール後も様々なトラブルが発生することがあります。

　このため，製品を販売する側では，こういったユーザー側のトラブルや不具合等への対応のため，各種のサポートサービスを用意しています。このサポートサービスの内容は様々ですが，ご質問にもあるようにその多くはユーザーからの問い合わせ等への対応が主であり，そのコストの大半は人件費が占めることになります。

　これらの人件費は発生時の損金として差し支えありませんが，例えばソフトウェア自体に大きな問題（重大なバグ等）が見つかり，この対応等のために今後，相当多額の人件費等の発生が見込まれ，それを合理的に見積もることができる場合には，会計上は引当金として計上することが必要になると思われます。

　ただし，この場合でも，税務上は任意の引当金計上は認められませんので，いわゆる債務確定基準（法基通2—2—12）により，未払金計上の可否を判断することになります。

2 バージョンアップ費用について

　ユーザー側のバージョンアップ費用の取扱いについては，既に2—1—13で述べましたが，ここでは，メーカー側におけるバージョンアップ費用について検討します。

(1) 会計上の取扱い

　はじめに，市場販売目的のソフトウェアの製作費に係る費用計上と

資産計上の区分についてですが、研究開発が終了するまでの費用は研究開発費として発生時に費用処理することとされています。この「研究開発の終了」は、製品番号を付すこと等により販売の意思が明らかにされた製品マスター、すなわち最初に製品化された製品マスターの完成時点であるとしています（Q&A　Q10）。

また、製品マスター又は購入したソフトウェアの改良に関しては、次のように取り扱うこととされています（Q&A　Q11）。

(イ)　著しい改良に要した費用……研究開発費

(ロ)　機能の改良及び強化に要した費用（著しいものを除く）

　　　　　……製品マスターの取得価額（無形固定資産）

なお、上記(イ)にいう著しい改良とは、「機能の改良・強化を行うために主要なプログラムの過半部分を再制作するような場合、ソフトウェアが動作する環境を変更・追加するために大幅な修正が必要になる場合など、新しいマスター制作のためのコストとみなされるような費用」をいい、また(ロ)の機能の改良及び強化に要した費用とは、「ソフトウェアの機能の追加又は操作性の向上等のための費用」をいうとされています。

完成している市場販売目的のソフトウェアに係るバージョンアップ費用については、バージョンアップの内容を大きく2つに分け、それに応じた会計処理を行うこととされています（Q&A　Q13）。

(ハ)　製品の大部分を作り直す大幅なバージョンアップ

(ニ)　既存の製品に機能を追加する、又は操作性を向上させるなど、それほど大幅ではないバージョンアップ

この区分は、バージョンアップは、ソフトウェアの価値を高めるための活動であり、バージョンアップによって見込販売数量（収益の増

加),残存有効期間の延長などの効果がもたらされることが考えられ,したがってこのような効果をもたらさない機能維持活動とは明確に区分する必要があるという考え方によります。

　上記(ハ)のバージョンアップは,製品の設計を初めからやり直すなど,著しい改良に該当するバージョンアップと考えられるため,新しい製品を制作する場合と同様に,新しいバージョンで最初に製品化された製品マスター完成時点までの費用を研究開発費として処理することになります。

　これに対して上記(ニ)のバージョンアップは,基本的な設計を大きく変更することなく,ソフトウェアの価値を高めるものと考えられることから,このバージョンアップに要した費用は資本的支出として資産計上され,当該ソフトウェアの未償却残高と合算されることになります。償却費に計算に当たっては,見直し後の販売数量又は残存有効期間等を利用することが適切であると考えられます。

　なお,販売済のソフトウェアについて継続的にバージョンアップを行い,定期的にソフトウェアの更新が行われる場合の費用のうち,バグ取り,ウイルス防止等の修繕・維持・保全のための費用は,発生時の費用として処理しますが,上記(ニ)に該当する費用は資産計上する必要があります。

(2)　税務上の取扱い

　法人税基本通達7―8―6の2では,ソフトウェアに係る資本的支出と修繕費の区分について次のように定めています。

> **条文**
>
> **法人税基本通達7―8―6の2《ソフトウェアに係る資本的支出と修繕費》**
> 　法人が，その有するソフトウェアにつきプログラムの修正等を行った場合において，当該修正等が，プログラムの機能上の障害の除去，現状の効用の維持等に該当するときはその修正等に要した費用は修繕費に該当し，新たな機能の追加，機能の向上等に該当するときはその修正等に要した費用は資本的支出に該当することに留意する。
> (注)　既に有しているソフトウェア，購入したパッケージソフトウェア等の仕様を大幅に変更して，新たなソフトウェアを製作するための費用は，原則として取得価額になることに留意する。

　上記のとおり，税務上はバージョンアップ費用のうち，障害除去や機能維持のための費用を除き，資本的支出として資産計上が必要とされています。ご質問のバージョンアップがどの程度の内容のものか不明ですが，会計上の取扱いの取扱いと税務上の取扱いとでは大きな違いがありますので，注意が必要です。

6-15 クラウドサービスにおける無料期間と収益計上

当社では数年前からいわゆるクラウドサービスを行っています。現在は，SaaSといわれるサービスを行っていますが，基本的には利用者から毎月定額の利用料を徴収する契約形態となっています。

ところで今般，新たなサービスを開始するに当たり，一定期間，利用料を無料とすることで新規の顧客獲得に繋げたいと考えています。当社としては，実際に利用料収入が発生する時点から収益計上をしたいと考えていますが，税務上，問題となる点があればご教示ください。

税務上も貴社の会計処理で問題ないと思われます。

/解説/

1 クラウドサービスの概要

クラウドサービスとは，クラウドコンピューティングサービスを省略した言葉ですが，一般的にクラウドサービスとは，インターネット等のネットワークやアプリケーション等の構築可能なコンピューティングリソースの共用プールに対して，即時にアクセスでき，最小の管理労力またはサービスプロバイダ間の相互動作によって迅速に提供され利用できるモデルのひとつといわれています。

これをユーザー側から言いますと，クラウド（本来は雲の意味です

が，ここではネットワーク等を指しています。）の中に使いたい時に使える各種のサービスが存在している状態ということになりますが，最近では，このクラウドを活用した各種のサービスやセールスが盛んに行われています。利用する側においては，必要なものを必要な分だけ利用でき，基本的には利用した分に応じた利用料を支払うだけというシンプルな契約形態になることから，ニーズも高まってきているのではないかと思われます。

また，「クラウドコンピューティング」は，技術的な分類としては以下の3種類に分けられることが多いとされています。

(1) SaaS（Software as a Service）

必要な機能を必要な分だけサービスとして，インターネット等を経由し利用できるようにしたソフトウェア又はそのサービスの提供形態のことをいい，複数人が同一データへの保存・編集が可能なことが特徴として挙げられます。

(2) PaaS（Platform as a Service）

SaaSをより発展させ，ソフトウェアの構築及び稼動させるための土台となるプラットフォーム自体を，インターネット経由のサービスとして提供する形態を言います。プラットフォーム自体の提供があるので，開発者はより廉価かつ素早いシステム構築が可能になります。

(3) IaaS（Infrastructure as a Service）

PaaSの発展形で，コンピューターシステムの構築及び稼働させるための仮想サーバ等のインフラそのものを，インターネット等のネットワークを経由して適用する形態をいいます。また，当初はHaaS（Hardware as a Service）とも呼ばれていました。

2 クラウドサービスの提供と収益計上

既に述べたようにクラウドサービスの提供者は，利用者から定額の利用料を収受する契約形態が一般的ですが，その収益についてはサービスの提供期間に応じて認識することが相当と思われます。

しかし，契約によっては，ソフトウェアの利用だけでなく複数のサービスを提供する内容となっているケースも考えられ，この場合にはそのサービスの内容に応じた収益の計上が必要となります。

次に，サービスに無償提供期間がある場合の考え方ですが，ここで参考になるのは，不動産賃貸物件に係るフリーレントの取扱いです。昨今，不動産の賃貸借契約においては，フリーレント期間を設定するものも珍しくありませんが，このフリーレント期間に係る収益計上の考え方には大きく2つあります。

一つは，①フリーレント期間は収益を計上せず，実際に賃料が発生した時点から収益計上を行う考え方であり，もう一つは②賃料総額をフリーレント期間を含む賃貸期間で按分し，全賃貸期間にわたり収益計上を行う考え方です。

かつては，中途解約ができない等の理由から，税務上は上記②の考え方が妥当とされてきましたが，最近はその契約内容からフリーレント期間の賃料を免除又は値引きとして認識しているという実態から，上記①の考え方でも差し支えないとされています（『週刊　税務通信』No.3338参照）。

したがって，法人が上記①又は②のいずれの会計処理を行っている場合であっても，税務上はその処理に従って収益計上を行っていれば足り，ご質問のようなクラウドサービスに係る無償期間についても，同様の考え方で問題ないのではないかと思われます。

もっとも，特定の取引先や子会社等に対してのみ無償提供期間を設けているようなケースでは，当然，税務上の問題が生じることになります。

3　クラウドサービス利用者の経理処理

一方，クラウドサービスを利用する側における会計処理ですが，自社でソフトウェアを購入して利用する場合とSaaS等を利用する場合とを比べてみますと，利用実態からはほとんど差はないと思われます。

自社でソフトウェアを購入した場合，一定の条件はつきますが，会計上も資産計上が必要となり（税務上は，当然購入の代価等が取得価額を構成します），利用料だと発生時の損金処理が可能になります。

資産計上の必要があるのか，費用計上で問題ないのか，微妙な問題ではありますが，この区分は契約内容等により個別に判断するしかありません。

そのポイントは，基本的にはそのソフトウェア等の所有権の有無により判断することになると思われます。すなわち，クラウドサービスの契約の中で，提供者側に所有権が依然として残っている場合には，利用者の側においては月々の利用料等として費用計上することになると思われますが，税務上もこの処理が認められるものと考えます。

ただし，全契約期間に係る利用料をまとめて一括して支払ったような場合においては，当該支出は全契約期間に係る月々の利用料をまとめて支払ったに過ぎませんので，そのサービスを受ける契約期間により適正に按分して計上する必要があります。

6－16　和解金の支払いとソフトウェアの取得価額

　当社はゲームアプリの開発，販売を行う法人ですが，A社に開発を依頼してきたゲームアプリに関しトラブルが発生し，交渉の結果，当社が契約解除に伴う和解金を支払うことで決着しました。

　当社が和解金支払いに合意するについては様々な事情がありますが，一番大きな理由はA社が作成したデモ版が今後において利用の価値があり，和解金を支払ってでもこの権利を獲得することが当社のプラスになると判断した点にあります。

　当社としては何としても新しいゲームアプリを完成させたいことから，A社が作成したデモ版を基にして，今後新たにB社に開発を依頼する予定です。

　ところで，このデモ版は，現在，完成品に至らない仕掛品という認識の下，ソフトウェア仮勘定として計上していますが，今回A社に支払うこととなる和解金の取扱いについてご教示ください。

　社内では，和解金はデモ版として計上してあるソフトウェア仮勘定に含めるべきという意見と，契約解除に伴う損害賠償的な支出であることから，支出時の損金とすべきという意見とに分かれています。

ご質問の和解金については、支出時の損金として処理することはできず、資産計上すべきものと思われます。

解説

1 本件和解金の実質的な性格

契約解除による違約金の取扱いについては、前問（4―1）で述べたとおりですが、ご質問の和解金については検討が必要です。

まず、貴社が和解金を支払う理由ですが、ご質問からは契約解除に伴う和解金とあり、貴社の責めに帰すべき理由により契約に定めたところにより支払う必要があるものであれば、確かに損害賠償的な性格があることは否定できません。

したがって当該和解金がそういう趣旨で支払われるものであれば、支払時の費用として認められる可能性もあるかと思います。しかし、その支払いの理由が、A社のデモ版アプリに将来的な利用価値を見込んでのものとなると意味合いが違ってきます。

すなわち、名目は和解金ですが、その実質的な意味がデモ版の将来的な利用権の獲得にあるとすれば、その支払いは何らかの資産価値のある権利の取得価額を構成することになると思われます。

ご質問からだけでは、その交渉経緯や和解金支払いに至る具体的な理由等が不明ですが、少なくとも本件和解金は、上記の事実に照らし慎重に判断する必要があり、単純に損害賠償的なものとはいえないのではないかと考えます。

2 B社に開発依頼するソフトウェアとの関係

ご質問では、貴社はA社で開発したデモ版を基に、B社に対し改めてゲームアプリの開発を依頼する予定とあります。そうしますと、もともとA社に対する和解金の支払いは、B社に開発を依頼するソフトウェ

アと密接に関係し，その開発の基礎をなすものと考えられます。

　したがって，当該和解金は純粋に和解金としての支出というより，B社に新たに開発を依頼するために獲得した一種の権利の対価とみるのが相当と思われますので，現状，ソフトウェア仮勘定に経理されているA社のデモ版に含めて資産計上すべきものと考えます。

　なお，デモ版に係るソフトウェア仮勘定に関しては，今後予定通り完成品となった場合には，ソフトウェア等（無形固定資産）として計上し，適切な期間を見積もった上で償却していくことになるものと思われます。

【著者紹介】

自閑　博巳
東京国税局調査審理課主査
本所税務署法人課税部門統括官
東京国税局調査部主査
等を経て平成10年7月退職
平成10年8月税理士登録。
主な著書に、法人税申告書の書き方（共著・税務研究会出版局），金融商品の税務Q&A（共著・ぎょうせい），保険年金の税務Q&A（共著・ぎょうせい），建設業の税務申告書作成マニュアル（共著・東京教育情報センター），誰にもわかる交際費課税の実務（執筆・新日本法規出版）などがある。

唯木　誠
東京国税局調査部調査審理課
税務大学校教授
東京国税局調査部特別調査官
東京国税局調査部次長
麹町税務署長等を経て，平成26年に退官。
現在，税理士として活躍中。

本書の内容に関するご質問は，なるべくファクシミリ（03-3233-0502）等文書でお願い致します。なお，個別のご相談はお受けいたしかねます。

〈第4版〉
ソフトウェアの法人税実務

平成13年4月10日　初版第一刷発行
平成28年10月12日　第4版第一刷印刷
平成28年10月20日　第4版第一刷発行

（著者承認検印省略）

Ⓒ　著　者　　自<ruby>閑</ruby>　博<ruby>巳</ruby>
　　　　　　唯<ruby>木</ruby>　誠

発行所　　税務研究会出版局
　　　　　週刊「税務通信」「経営財務」発行所

代表者　　山　根　　毅

郵便番号101-0065
東京都千代田区西神田1-1-3（税研ビル）
振　替　00160-3-76223
電話〔書籍編集〕　03（3294）4831～2
　　〔書店専用〕　03（3294）4803
　　〔書籍注文〕
　　〈お客さまサービスセンター〉　03（3294）4741

●　各事業所　電話番号一覧　●

北海道 011（221）8348	神奈川 045（263）2822	中　国 082（243）3720
東　北 022（222）3858	中　部 052（261）0381	九　州 092（721）0644
関　信 048（647）5544	関　西 06（6943）2251	研修センター 03（5298）5491

乱丁・落丁の場合は，お取替え致します。　　印刷・製本　東日本印刷株式会社
ISBN978-4-7931-2213-2